VORWORT

Sie halten eine ‹angesägte Antilope› in den Händen. Doch keine Angst: Das Buch ist vollständig, es fehlen keine Seiten, alle Texte sind komplett. Trotzdem erzählen wir Ihnen keine gewöhnliche Museumsgeschichte – schliesslich fehlen der Antilope die Hörner. Wie es zu dieser Verstümmelung kam, lesen Sie weiter hinten. Der Autor Daniel Hagmann hat die Geschichte der Antilope in unseren Archiven ausgegraben, zusammen mit einigen anderen Geschichten. Er ist in den Schränken des heutigen Museum.BL auf eine Reihe von unglaublichen, skurrilen, lustigen und manchmal sehr ernsten Begebenheiten gestossen. Wir haben so sehr Gefallen daran gefunden, dass wir sie unbedingt in Form eines Lesebuchs publizieren wollten. Selbstverständlich mussten wir eine Auswahl treffen, sonst wäre aus der zierlichen ‹Antilope› ein schwerfälliges Rhinozeros geworden …

Ausser dem Autor haben noch eine ganze Reihe weiterer Leute an der Rekonstruktion der ‹Antilope› mitgewirkt: ehemalige und gegenwärtige Mitarbeitende des Museums, ein Ingenieur, ein Regierungsrat, ein Journalist, ein Coach, eine Tänzerin sowie diverse Gestalterinnen und Gestalter. Sie alle stellten sich Fragen wie: Was hat ein Museum mit ‹YouTube› gemeinsam? Warum löst ein Museum Heimatgefühle aus? Sind Museumsmitarbeitende leidenschaftliche Menschen? Wie sehen die Ausstellungen der Zukunft aus? Dorothea Weishaupt und Matthias Huber von ‹Groenlandbasel› haben der ‹Antilope› ein Gesicht gegeben und sie mit Witz und Charme ausgestattet. Zahlreiche Fotografien in den Bildteilen stammen von Andreas Zimmermann. Von den älteren Aufnahmen sind einige weniger professionell fotografiert worden, sie entstanden im Zuge des Treibens im Museum. Um die Bilderfolgen, die jedes der vier Kapitel begleiten, besser wirken zu lassen, haben wir nur die Fotos zu den Personen und Ausstellungen mit Legenden versehen.

Für das Wiederbeleben unserer ‹Antilope› gibt es einen historischen Hintergrund: Der Kanton Basel-Landschaft feiert 2007/2008 sein 175-jähriges Bestehen. Im Zuge der Kantonsgründung 1833 ist auch das Museum entstanden. Derartige Anlässe sind zum Feiern da, aber auch dazu, darüber nachzudenken, was einmal war. Beim Ausgraben der Geschichten für dieses Buch wurde uns klar, dass sich das Gründungsjahr des Museums gar nicht mehr genau feststellen lässt. Die Quellenangaben sind widersprüchlich: War es das Jahr 1836 oder vielleicht eher das Jahr 1837, als mit dem ersten Sammlungsobjekt der Grundstein für das Basellandschaftliche Museum gelegt wurde? Die Unmöglichkeit einer exakten Datierung zeigt, dass das Aufarbeiten von Geschichte plötzlich neue Perspektiven eröffnen kann.

Das Buch ‹Die angesägte Antilope› ist eine kleine Schatzkiste. Wir haben sie geborgen, den

Staub von ihrem Deckel gewischt, und wir laden
Sie nun ein zu entdecken, was sich darin befindet. Wir freuen uns, wenn Sie gemeinsam mit
uns staunen und manchmal vielleicht auch ein
wenig schmunzeln. Trotz mancher Anekdote
bietet die Schatztruhe aber noch mehr: Sie erzählt ‹Geschichte› für alle, jede und jeder soll sie
verstehen können. Und ‹Geschichte› brauchen
wir alle – ohne sie wären wir nichts.

Barbara den Brok, Leiterin Museum.BL

SAMMELN UM JEI
ZU HERKUNFT UND ZUKUNFT D

Museumssammlungen sind Zeitmaschinen:
Ihre Objekte führen die Vergangenheit in die Gegenwart und
in die Zukunft. Weil sie stetig weiter wachsen, sind auch die
Sammlungen selbst dauerndem Wandel unterworfen.
Das Museum.BL beheimatet inzwischen über 1,8 Millionen Objekte.
Täglich kommen neue dazu.

Wie werden die Museen mit ihren Sammlungen in Zukunft verfahren?
Brauchen wir die Objekte überhaupt noch, oder
bewegen wir uns künftig nur noch in digitalen Depots?

DEN PREIS?

ER MUSEUMSSAMMLUNGEN

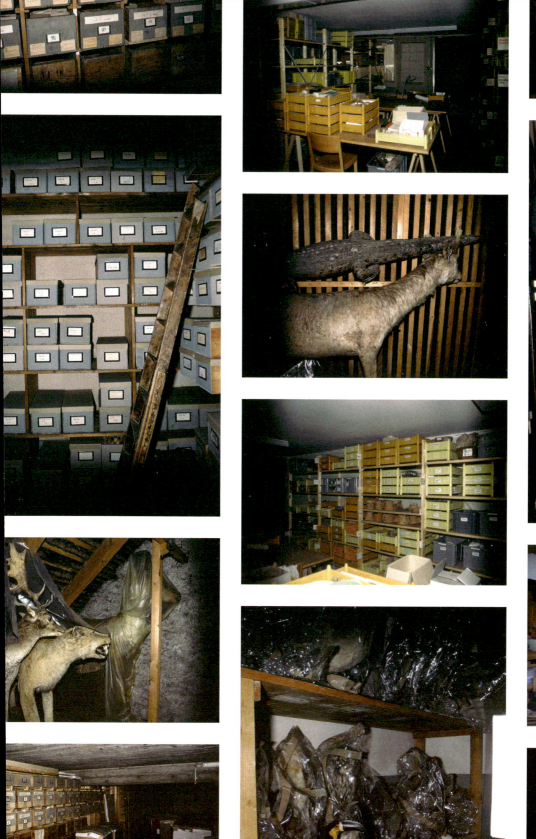

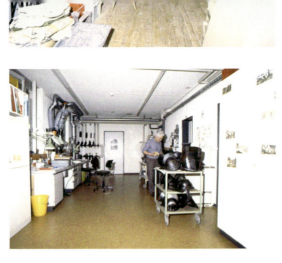

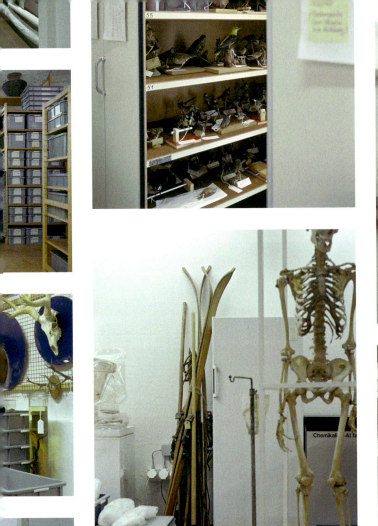

DIE ANGESÄGTE ANTILOPE

DER ABSCHIED VOM NATURALIENKABINETT

Nicht alles wird für immer aufbewahrt. Die Sammlungsziele ändern sich – manchmal wandern dann Sammlungsobjekte auf die Deponie.

«Wir haben in unserer ‹exotischen Abteilung› diverse ‹alte Viecher›, wie eine Löwin, einen Gepard, diverse Alligatoren usw., und darunter auch ein seltsames, gehörntes, antilopenartiges (?) Huftier. Es ist präparatorisch in liederlichem Zustand, seine Nähte stehen z. T. offen, die Behaarung ist haarig, und irgendein böser Mensch hat ihm irgendwann noch (vermutlich aus Platzgründen) massiv das Gehörn gestutzt. Bevor ich das bemitleidenswerte Ding dem Weg alles Irdischen überweise oder noch für irgendeinen musealen Propaganda- oder Eröffnungsscherz verwende, möchte ich ganz sicher sein, dass es sich nicht um irgendein trotzdem sehr seltenes ‹Brachycomutum› o. ä. handelt. Oder ist das ganze überhaupt ein ‹erfundenes› oder ‹selbstgebasteltes› Wesen? Es sieht so schrecklich disproportioniert aus.»

Was tun mit einer derartigen Altlast, einem isolierten Objekt ohne Dokumentation und Nutzen für die Ausstellung? Diese Frage stellte Museumsleiter Jürg Ewald (1970 bis 1998 im Amt) 1983 dem Naturhistorischen Museum Bern. Und erhielt kurz darauf zur Antwort: «Lieber Herr Ewald, es handelt sich um einen Ellipsen-Wasserbock (Afrika). Das Tier ist sehr schlecht präpariert, die Hornschnecken fehlen. Man sollte es vernichten.» Den Expertenrat nahm sich Jürg Ewald zu Herzen. Das Präparat wurde aus dem Sammlungsdepot entfernt und landete in der Liestaler Abfalldeponie Elbisgraben.

Was keiner der Beteiligten wusste: Der seltsame Wasserbock war vermutlich eines der ersten Museumsobjekte. Das legt ein so genannter ‹Katalog der Stopfpräparate› des Museums nahe, der um 1860 erstellt worden ist. 99 Nummern listet das handschriftliche Dokument auf, und als Nummer 93 führt es eine «Antilope ellipsiprymma (Ogilby), der Wasserbock, männlich, aus Südafrica» an. Vermutlich war das ausgestopfte Tier damals im Museum ausgestellt – noch mitsamt Hörnern?

Auf dieser Liste finden sich noch 98 weitere Tiere, von der Zwergspitzmaus aus dem Baselbieter Jura bis zum bleichen Flederhund aus den Tropen. Oft sind es Schenkungen von ausgewanderten oder reisenden Baselbietern. Sie gehörten zum Bekanntenkreis des Museumsgründers Benedikt Banga und halfen ihm, seine Vision aufzubauen: ein ‹Naturalien Cabinet›, ein Panorama der Naturgeschichte mit Steinen, Pflanzen und Tieren aus der ganzen Welt. Dazu zählten unter anderem eine geologische Sammlung, ein botanischer Garten, ein Herbar, Vogel- und Schmetterlingssammlungen von nah und fern.

Aus naturwissenschaftlicher Sicht widerspiegelt diese frühe Tiersammlung – die ältesten Objekte sind mit dem Schenkungsdatum 1836 vermerkt – eine zufällige Ansammlung von Einzelstücken. Bei den meisten Tieren sind weder Fundort noch Alter angegeben, auch lässt sich keine Gattungs- oder Lebensraumlogik erkennen. Die lateinischen Namen der Liste täuschen nicht darüber hinweg, dass die Sammlung vor allem der Anschauung diente und weder Vollständigkeit noch Systematik anstrebte. Mit der Vernichtung der Antilope ist deshalb 1983 nicht nur ein defektes Präparat entsorgt worden. Jürg Ewald markierte damit symbolisch auch eine Wende in der Sammlungspolitik des basellandschaftlichen Museums. Seit Beginn des 20. Jahrhunderts hatten schon seine Vorgänger grossen Wert auf wissenschaftliche Systematik gelegt. Und vor allem wollten sie mit den Sammlungen nicht mehr die weltweite Natur dokumentieren wie die Museumspioniere des 19. Jahrhunderts. Ausgestopfte Krokodile und Antilopen hatten einen geringen Aussagewert in einem Museum, das sich immer stärker als Spiegel der regionalen Lebenswelt definierte. So wan-

derte die angesägte Antilope irgendwann von der Ausstellung ins Sammlungsdepot und 1983 eben auf die Abfalldeponie. Doch warum waren ihr
die Hörner abgesägt worden? Das bleibt ein Rätsel.

SOMMERVÖGEL AUF REISEN

DIE SCHMETTERLINGSSAMMLUNG, UMSTRITTEN UND BEGEHRT

Kistenweise wanderten einst Schmetterlinge von Liestal nach Basel.
Aber nicht etwa, weil die vermeintliche Provinzsammlung nichts taugte.

«Ja, die ‹Schmätzgi›-Geschichte!» Jürg Ewald, ehemaliger Museumsleiter
(1970 bis 1998 im Amt), holt tief Luft. Das sei ein starkes Stück gewesen.
Sozusagen ein Lehrstück über die frühere basellandschaftliche Sammlungspolitik – und über das Verhältnis von städtischem und landschaft-
lichem Museum.

Aufgeflogen sei die Affäre, so erinnert sich Ewald, nur durch Zufall. Kurz
nachdem er zum Leiter des Museums ernannt worden war, schnappte er
eine Bemerkung seines technischen Mitarbeiters Kurt Hunziker auf. Man
müsse das grosse Auto mit dem Regierungschauffeur bestellen, um eine
Serie Kistchen nach Basel zu bringen. Der einstige Museumsleiter (1935
bis 1961 im Amt), Walter Schmassmann, habe dies angeordnet. Es gehe
um eine Sammlung von Schmetterlingen, die man nicht mehr benötige.
Insbesondere die Zygaenen-Zuchten von August Müller seien eine wert-
lose Spielerei. In Liestal fehle sowieso der Platz, und man könne sie auch
nicht fachgerecht betreuen.

Das wollte Jürg Ewald genauer wissen. Er erkundigte sich bei den Beteiligten
und schlug in den Akten nach. Sein Fazit: Von einem legalen Tauschhan-
del zwischen dem Kantonsmuseum in Liestal und dem Naturhistorischen Museum in Basel

könne keine Rede sein. Bisher seien drei Wagenladungen Insektenkästen nach Basel ge-
liefert worden. Umgekehrt habe Liestal aber weder andere Schmetter-
lingssammlungen noch Unterstützung bei der Bestimmung der eigenen
Bestände erhalten. Das sei zwar versprochen, aber nie ausgeführt worden.
Briefwechsel und Aussprachen fruchteten wenig, die ausgewanderten
Sommervögel blieben in Basel.
Bei den ganzen Auseinandersetzungen, erinnert sich Jürg Ewald, sei von
Seiten des Naturhistorischen Museums eine leichte Überheblichkeit zu
spüren gewesen. Dort verfügte man über bedeutendere Schmetterlings-
bestände und -spezialisten. Demgegenüber nahm sich die basselland-
schaftliche Sammlung, von Reisenden und Amateuren zusammengetragen, bescheidener aus. Das kleine Museum auf der Landschaft konnte da
nicht miteifern. Schon Museumsleiter Franz Leuthardt (1890 bis 1934 im
Amt) hatte besondere Exemplare seiner geologischen Sammlung dem
Basler Museum abgetreten. Denn dort befinde sich, so Leuthardt, die in-
ternational gewichtigere Belegsammlung.
In der «‹Schmätzgi›-Affäre» kollidierten zwei Sammlungsideologien. Bisher hatte die naturwissenschaftliche Vision des 19. Jahrhunderts gegolten,
eine alle Arten umfassende Sammlung aufzubauen. Entsprechend besass
das Museum Dutzende etikettierter Kästen und Schubladen – mit vielen
leeren Stellen für die noch fehlenden Exemplare. Diese Systematik legte
es nahe, doppelt vorhandene Belege aus den einzelnen Teilsammlungen
zu entfernen und unpassende Objekte zum Tausch freizugeben.
Als der Konflikt um die Schmetterlingssammlung aufbrach, standen keine Naturwissenschaftler mehr an der Spitze des basellandschaftlichen
Museums. Paul Suter (1961 bis 1970 Museumsleiter) war Kulturhistoriker.
Er vertrat eine andere Sammlungspolitik. Wie sein Nachfolger, der
Archäologe Jürg Ewald, hielt Suter wenig von «aufgereihten Schmetter-
lings-Friedhöfen», wie er die traditionelle Schausammlung in seiner Stel-

lungnahme bezeichnete. Die bestehenden Lücken dieser veralteten Systematik werde man kaum je füllen können, argumentierte auch Jürg Ewald. Zudem habe Paul Suter begonnen, Schmetterlingsgruppen für eine neue Schausammlung nach biologischen Kriterien zusammenzustellen: Tag- und Nachtschmetterlinge beispielsweise, ausgestorbene Exemplare oder Mimikry-Spezialisten. Diese Arbeit sei nun wieder durcheinander gebracht worden.

Konsequenterweise wanderten nach 1971 keine Sommervögel mehr von Liestal nach Basel. Die Beziehungen zum Naturhistorischen Museum entspannten sich bald wieder. Jürg Ewald hatte immer betont, es gehe ihm nicht um eine Prestige-Angelegenheit, und er wolle die interkantonale Zusammenarbeit durchaus stärken. Er könne sich sogar vorstellen, dass Teile der Schmetterlings- oder Käfersammlungen in Basel aufbewahrt würden. Dort wären sie der Forschung besser zugänglich. Es gehe aber nicht an, ganze Schmetterlingssammlungen nach Basel zu verschenken – bloss weil man sich in Liestal über deren Wert nicht einig sei.

DER FAUSTKEIL IN DER GARTENMAUER
DIE VERSCHLUNGENEN WEGE DER ARCHÄOLOGISCHEN SAMMLUNG

Anfänglich waren so genannte ‹Alterthümer› selten und kostbar. Als die Sammlung wuchs, sortierte man das vermeintlich Überflüssige aus.

Tatort: Wasserleitungs-Baustelle in Füllinsdorf. Tatzeit: 1999. Beteiligte: das Team der Kantonsarchäologie und ein Hausbesitzer. Tatbestand: Die Archäologen sind mit einer Notgrabung beschäftigt. In den Pausen stehen sie herum und lassen die Blicke schweifen. Zum Beispiel in den Garten mit Zierteich gleich nebenan, wo ein älterer Mann sich dem Unterhalt einer verzierten Steinmauer widmet. Als dieser die Archäologen zur Besichtigung einlädt, fällt ihnen auf, dass da seltsame Steine eingemauert sind. Plötzlich meint einer: «Dort, das sieht ja aus wie die Basis eines Faustkeils!» Der überraschte Gartenbesitzer ist einverstanden, dass die Fachleute das verdächtige Stück aus der Mauer herausbrechen. Die Betonreste werden im Konservierungslabor entfernt – darunter kommt eine Inventarnummer des Museums zum Vorschein. Offenbar stammte der Faustkeil, denn es war tatsächlich einer, aus der ‹Archäologischen Sammlung› des Museums. Wie kam er in die Garten-mauer? Das Rätsel war bald gelöst. Dank der Inventarnummer liess sich belegen, dass das Fundstück vom ehemaligen Konservator Franz Leuthardt (1890 bis 1934 im Amt) registriert worden war. Wie damals üblich, betrieb Leuthardt einen grossen Teil seiner Museumsstudien zu Hause. Er war nur nebenamtlich tätig, und im Museum fehlten Arbeitsräume. Ein beacht-licher Teil der ‹Archäologischen Sammlung› lagerte deshalb in Leuthardts Wohnhaus. Nach seinem Tode 1934 fanden nun nicht alle Stücke den Weg zurück in die Museumsdepots. Leuthardts Tochter verschenkte einzelne Objekte – wahrscheinlich auch an den alten Mann in Füllinsdorf. So gelangte der Faustkeil vom Museum in die Gartenmauer und zurück ins Museum – eine aussergewöhnliche Odyssee. Doch widerspiegelt sich in ihr auch der Wertewandel, dem die ‹Archäologische Sammlung› un-terworfen war. Deren Anfänge liegen im 19. Jahrhundert, als das Museum einzelne Pfahlbauten-Funde ankaufte. Unter Franz Leuthardt entstand dann nach 1900 eine bedeutende Belegsammlung mit Steinzeit-Funden aus Frankreich. Leider gingen in den Folgejahren viele dieser Objekte verloren, wurden von Bearbeitern ausgeliehen und nicht mehr zurückge-bracht. Der Faustkeil selbst stammte aus dieser Sammlung, die exempla-rische Stücke vereinen sollte. Leuthardt schwebten vollständige Reihen von Einzelobjekten vor, die zum Beispiel die Entwicklungsstadien von

Werkzeugen veranschaulichen sollten. Die Belegstücke wurden meist gezielt angekauft oder aus Schenkungen übernommen.

In der Zwischen- und Nachkriegszeit rückten dann mit dem Boom der einheimischen Archäologie die eigenen Bodenschätze ins Zentrum der Aufmerksamkeit. Mit der ‹Verordnung betreffend die Erhaltung von Altertümern› hatte der Kanton 1921 die gesetzliche Grundlage für die archäologische Arbeit geschaffen. Fortan mussten Funde den Behörden gemeldet werden, Private durften sie nur mit einer Bewilligung ausgraben. Die Funde nahmen rasch zu. Statt systematischer Sammlungen erhielt das Museum nun kistenweise Ausgrabungsstücke. In der Folge begann sich langsam eine neue Sammlungspolitik herauszubilden. Nicht mehr das bedeutende Einzelstück stand im Vordergrund, sondern der gesamte Kontext des Fundortes sollte nun dokumentiert werden. Es dauerte allerdings noch einige Zeit, bis sich die Überzeugung durchsetzte, dass jedes Fundstückchen dauerhaft aufzubewahren sei. Bis es so weit war, verschwanden wohl noch etliche Objekte aus der ‹Archäologischen Sammlung›.

Warum die Tochter von Franz Leuthardt damals den Faustkeil verschenkte, ist nicht bekannt. Schätzte sie ihn als wertloses Einzelstück ein? Wollte sie ein besonders wertvolles Geschenk machen? Vielleicht nahm sie an, dass es auf ein Objekt mehr oder weniger in der Sammlung wohl nicht ankomme. Das hätte durchaus der damaligen Praxis entsprochen. In der Anfangszeit der ‹Archäologischen Sammlung› geschah es wiederholt, dass Museumsmitarbeitende bei Revisionsarbeiten mehrfach vorhandene Sammlungsstücke aussortierten. Diese wurden dann verschenkt oder auf einer Schuttdeponie entsorgt. «Ausgesch.» (für «ausgeschieden») hiess es dann im Eingangsbuch. Es ist also gut möglich, dass der Faustkeil von Füllinsdorf kein Ausnahmefall war – und dass auch in anderen Baselbieter Gartenmauern noch rezyklierte Museumsstücke auf ihre Wiederentdeckung warten.

Vom Klimawandel im Keller

Die ‹Botanische Sammlung› als Datenbank

In den Schränken und Depots des Museums schlummert seit Jahrzehnten ein Schatz: die historische Herbariensammlung. Ihre Stunde wird kommen.

Es war ein böses Erwachen für Marc Limat, den Sammlungsverantwortlichen im Museum.BL. In der Nacht vom 21. auf den 22. Juli 2004 entlud sich ein heftiges Gewitter über der Region, vielerorts wurden Keller überschwemmt. Auch das Museumsdepot in Muttenz – fusstief stehe es unter Wasser, erfuhr Limat frühmorgens am Telefon. Besonders gelitten hatte die ‹Botanische Sammlung›, die Herbarschachteln waren durchnässt und einzelne lose Blätter schwammen gar herum. So gross der Schaden auch war, er hatte sein Gutes. Dank der Versicherungsgelder konnte man einen Biologen anstellen, um das Herbar zu sichten. Verzeichnet und beschriftet waren die über dreihundert Schachteln zwar. Benutzt hatte sie hingegen seit Langem niemand mehr. Weshalb diese Sammlung existierte, und vor allem wozu – das zeigten erst die Rettungsarbeiten. Im Frühling 2006 begann Ernst Akeret, sämtliche Pflanzen unter die Lupe zu nehmen. Und er stellte bald fest: Hier ruht Wissen für die Zukunft. Die getrockneten Gräser und Blumen auf den Herbarbogen sind alt, teilweise bis hundertfünfzig Jahre. Doch ihr Wert ist aktuell. Sie ermöglichen es, den langfristigen Landschafts- und Klimawandel in der Region zu erforschen. Wer über das Bruderholz am Stadtrand von Basel spaziert, trifft eine zersiedelte und intensiv agrarisch genutzte Landschaft an. Nicht nur für Botaniker bietet die Gegend heute einen eher monotonen Anblick. Noch vor wenigen Generationen sah diese ganz anders aus, wie die Herbarbogen belegen. Auf dem Lössboden wuchsen verschiedenartigste Pflanzen. Viele der im Herbar dokumentierten Arten (Natternzunge, Grenobler Nelke, Küchenschelle etc.) sind heute im Baselbiet ausgestorben.

Die ‹Botanische Sammlung›, zu der das Herbar gehört, reicht bis in die Gründungsjahre des Museums um 1836 zurück. «Pflanzen theils cultivierte theils spontane aus dem botanischen Garten in Liestal 1840 u. 1841», steht auf einer Etikette. Und ein späterer Bearbeiter schrieb dazu: «von Reg.R. Banga eingereiht worden». Noch früher als Museumsgründer und Regierungsrat Banga hatte der Gelterkinder Andreas Rochet zu sammeln begonnen. Sein Herbar, heute ins Museumsherbar integriert, umfasste Pflanzen ab 1835.

Dutzende von Sammlern halfen in den folgenden Jahrzehnten mit, die ‹Botanische Sammlung› aufzubauen: Lehrer, Museumskonservatoren, deren Söhne, Pfarrer, Gärtner, Naturwissenschafter, Weltreisende. Der Kern der Sammlung, das ‹Herbarium helveticum›, umfasst einheimische Pflanzen. Zahlreiche kleine Herbare widmen sich Pflanzen aus anderen Regionen oder Gattungen. Algen, Farne oder Brombeeren gehören ebenso dazu wie exotische Arten. Das gesamte Herbar im Museum.BL zählt über 30 000 Objekte. Neben den Herbaren der Universität Basel und der ‹Basler Botanischen Gesellschaft› ist es die grösste Dokumentation zur regionalen Pflanzenwelt in der Nordwestschweiz.

Für Museumsgründer Banga und seine Nachfolger diente die ‹Botanische Sammlung› zugleich der Forschung als auch praktischen Anschauungs- und Unterrichtszwecken. Die empfindlichen Herbarbogen waren allerdings nie Ausstellungsstücke. Sie lagerten in Wandschränken oder Schubladen, unsichtbar für das Publikum. Nach dem Botaniker Fritz Heinis in der Zwischen- und Nachkriegszeit des 20. Jahrhunderts hatte sich niemand mehr systematisch mit der Sammlung befasst, und sie erhielt auch kaum noch Zuwachs; für den ‹Verbreitungsatlas der Farn- und Blütenpflanzen der Schweiz› wurden 1977 nur Teile ausgewertet. Als Folge des Unwetters von 2004 wird das Herbar des Museum.BL erstmals in seiner Geschichte umfassend bestimmt und in einer elektronischen Datenbank erfasst.

en Preis?

In dieser Form soll es künftig der interessierten Öffentlichkeit und Forscherwelt zugänglich sein.

Warum aber werden die gealterten Herbarbogen, die durch den Wassereinbruch zusätzlich gelitten haben, nach dieser Erfassung nicht entsorgt? Die Erforschung aktueller Fragen zur Artenvielfalt braucht immer wieder den Zugriff auf das physische Objekt. Denkbar wären zum Beispiel DNA-Nachweise von Verwandtschaften oder Mutationen. Und es gibt ganz praktische Gründe, die Sammlung weiterhin zu pflegen: Müsste man sie heute neu anschaffen, könnte das teuer werden.

Als botanische Chroniken sind Herbare gefragter denn je. Der weltweite Klimawandel lässt ja nicht nur Pflanzen verschwinden, es wandern auch neue ein. Auf den Autobahngrünstreifen erobern sich exotische Pflanzen, deren Samen den Fernfahrern aus der Fracht gefallen sind, geschützte Lebensräume. Vielleicht erkennen in hundert Jahren die Museumsbesucher anhand der ‹Botanischen Sammlung› staunend, dass das Baselbiet nicht immer schon ein Palmenparadies war?

«Das reale Objekt muss von seiner Inszenierung im digitalen Raum profitieren»

Daniel Schoeneck schlägt neue Lösungen für die Fragen rund um die digitale Aufbereitung von Museumsobjekten vor. Welche Aufgaben und Chancen haben Museumssammlungen im Internet? Sollen Museen im Internet überhaupt aktiv werden? Als Ingenieur, wissenschaftlicher Fotograf und audiovisueller Gestalter begleitet er die Umsetzung einer Webausstellung an der Universität Zürich.

Jana Ulmann: Worin besteht dein Interesse an der digitalen Aufbereitung von Museumssammlungen?

Daniel Schoeneck: Bei dem Projekt in Zürich erfassen wir mit den Studentinnen und Studenten Sammlungsdaten in einem digitalen Archiv. In einem nächsten Schritt wollen wir damit eine Ausstellung im Internet realisieren. Es geht also um das Archivieren des kulturellen Gedächtnisses in elektronischen Datenbanken einerseits und das Ausstellen in Form eines virtuellen Museums andererseits. Die grundlegenden Fragen lauteten: Wie sammelt man in digitalen Archiven im Unterschied zu herkömmlichen Archiven? Wie lässt sich die Plattform Internet für das Medium Ausstellung nutzen? Das Internet auf dem Bildschirm ist nichts anderes als eine Informationsoberfläche. Lässt sich damit

die Sinnlichkeit des realen Objekts transportieren? Wie kann man den Verlust, der dabei entsteht, kompensieren? Mein Ansatz bei der Beschäftigung mit diesen Fragen geht von den technischen Bedingungen des Mediums aus: Wie kann ich das Internet einsetzen? Welche Programmiersprache verwende ich wofür? Wie kann ich die Benutzerfreundlichkeit gewährleisten?

JU: Warum sollen Sammlungen denn überhaupt digital erfasst werden?

DS: Die folgenden Fragen dienen mir als Ausgangspunkt für Überlegungen, sie sind durchaus auch provokativ zu verstehen. Überlebt Kulturgut nur, wenn es archiviert und inventarisiert wird? Im Moment gelangt alles in Sammlungen, die allmählich überfüllt sind. Ist die digitale Version des Archivs die Rettung aus dieser Misere? Müssen die Objekte wirklich digital erfasst werden, oder überleben sie auch unbewirtschaftet im Depot, sofern die räumlichen Voraussetzungen akzeptabel sind? Umgekehrt könnte man fragen: Was ist überhaupt der Leistungsauftrag digitaler Archive? Gehen die Objekte in den Depots nicht auch unter, weil nur Fachleute wissen, was da überhaupt drin steckt? Das Völkerkundemuseum in Zürich etwa hat unser Projekt benutzt, um Studierende teilweise neue Inventare erstellen zu lassen. Die personellen Ressourcen dafür hatten bislang gefehlt.

JU: Ihr musstet also, um euer digitales Archiv erstellen zu können, zuerst die klassische Archivarbeit erledigen?

DS: Obwohl die Studierenden sich eigentlich mit der digitalen Bereitstellung der Sammlungsstücke beschäftigen sollten, tauchten manche total fasziniert in die Welt der realen Objekte ab und waren zeitweise gar nicht mehr ansprechbar. Die waren nicht mehr für das geplante Metaarchiv, sondern für das reale Archiv tätig.

JU: Dann übt das reale Objekt also doch die grössere Faszination aus?

DS: Ja, ganz bestimmt. Andererseits sind diese realen Objekte durch die Achivierung auch ‹verräumt›. Es scheint einem menschlichen Bedürfnis zu entsprechen, immer alles ‹aufräumen› zu wollen.

JU: Du sprichst eine Ambivalenz an, die dem Archivieren zugrunde liegt: Nur was inventarisiert ist, ist wieder auffindbar und damit gesichert für das kulturelle Gedächtnis. Mit der Inventarisierung verschwindet das Objekt aber gleichsam in den Tiefen des Archivs. Welche Möglichkeiten bieten denn digitale Sammlungen, um das in Archiven ‹versorgte› Gedächtnis sichtbar zu machen?

DS: Digitale Archive ermöglichen eine von Zeit und Raum unabhängige Zugänglichkeit der Sammlungsbestände. Das ist eine mögliche Antwort auf die Frage, ob wir überhaupt digitale Archive einrichten sollen. Unter dem Aspekt der Zugänglichkeit müssen wir das. Dabei läuft der Prozess umgekehrt ab, als er sich im Netz sonst abspielt. Normalerweise wird da ein Gefäss eröffnet, für das interessante Inhalte produziert werden. In unserem Fall aber existieren die Inhalte in Form von Objekten bereits, aber die Plattform dafür muss erstellt werden. Die ‹Demokratisierung des Wissens›, wie sie im Internet momentan vorangetrieben wird, liefert nicht automatisch brauchbare Inhalte. Ich bin der Meinung, dass es nötig und wichtig ist, dass sich Fachleute in diesen Prozess einmischen und Inhalte zur Verfügung stellen. Dem Internet mangelt es an Kuratorium. Da tragen die Museen auch eine Verantwortung, denn die haben sich inhaltliche Glaubwürdigkeit über Jahre hinweg erarbeitet.

JU: Was würdest du dem Museum.BL denn raten? Wie sollen wir mit unseren Sammlungsinhalten im Internet auftreten?

DS: Ihr müsstet euch überlegen, welchen Zweck ein solcher Auftritt erfüllen soll. Wenn das reale Objekt durch eine digitale Abbildung, ein digitales Modell ersetzt wird, schiebt sich zwischen das Objekt und seine Abbildung ein Filter. Die vielschichtigen Informationen des realen Objekts lassen sich nicht eins zu eins ins Internet übertragen. Wenn dieser Verlust ausgeglichen werden soll, muss das digitale Abbild des Objekts etwas Zusätzliches leisten können. Sonst bleibt der Weg vom realen Objekt zu seiner Entsprechung im digitalen Archiv eine Einbahnstrasse. Sobald zwischen Bild und Objekt eine Wech selwirkung entsteht, haben wir einen Mehrwert geschaffen, der den Filter rechtfertigt. Das können zum Beispiel Bezüge zu anderen Objekten in der Sammlung sein.

JU: Wie sollen diese Datenbanken aussehen? Wie stellst du dir die Bezüge vor? Sollen User diese Bezüge selbst herstellen können, die Objekte selbst miteinander vernetzen?

DS: Bisher haben Datenbankspezialisten definiert, wie das Objekt im Internet abgelegt und vernetzt werden soll: nach Objektkategorie, Name des Fotografen, Herkunft beispielsweise. Aber auch eine Vielzahl von Kategorien kann der ‹Lebendigkeit› der Objekte nicht unbedingt Rechnung tragen. Bei allem Unsinn, der sich auf ‹YouTube› findet: da ist eine Mediendatenbank entstanden, die über das Speichern von Metainformationen organisch wächst. Die Kommentare der User sind durchsuchbar. Diese assoziativen Verbindungen können zwar streng wissenschaftlichen Kriterien nicht genügen. Interessant dabei ist aber, dass Objekte bewertet und benutzt werden. So entstehen spannende Wechselwirkungen. Eine Datenbank muss meiner Ansicht nach mehr leisten können als ein Kasten mit Karteikarten, der ein einfaches Ordnungssystem mit spezifischen Kriterien darstellt. Eine Datenbank sollte ‹lebendig› sein dürfen und reproduzieren können.

JU: Kannst du näher beschreiben, was genau du darunter verstehst? Wie macht man Objekte im Internet ‹lebendig›?

DS: Ein digitales Archiv ‹lebendig› machen, heisst nicht viel mehr, als dafür sorgen, dass die Objekte miteinander in Bezug stehen. Die nächste grosse Frage lautet dann, wie ich die Objekte im Internet ausstelle. Dazu kann ich keine abschliessende Antwort geben. Wir haben in unserem Projekt mehrere Ansätze angedacht. Was wäre, wenn man sich im Museum die Objekte künftig im Internet stöbernd auf einen Bildschirm holen könnte, statt von Raum zu Raum, von Vitrine zu Vitrine zu schlendern? Erhält ein Objekt seine Strahlkraft zurück, wenn es auf einem LCD-Bildschirm abgebildet und in eine Vitrine gesteckt wird? Uns hat dabei interessiert, ob die Objekthaftigkeit etwas mit der ‹Sockelfrage› zu tun hat. Wie kriegen wir auf dem Bildschirm die Aura des Objekts wieder hin?

JU: Könnte man mit dem entsprechenden medialen Werkzeug Leute auf Museen und Objekte aufmerksam machen, die sich bisher nicht dafür interessiert haben?

DS: Ja, wenn der Inhalt entsprechend aufbereitet ist, wäre das möglich. Wollen wir nicht nur akademisch interessierte Leute erreichen, dann müssen wir die anderen doch genau da abholen, wo die Erwartungen an einen interessant verbrachten Abend liegen, einige spannende Stunden oder auch nur Minuten. Wenn jemand das interessant findet und es weitererzählt, dann hat man doch viel gewonnen. Genau das passiert bei diesen partizipativen Portalen im Netz. Vielleicht wäre das über Assoziationspaare auf der Bildschirmoberfläche herstellbar, über Bilderkompositionen, die neugierig machen. Auf einer tieferen Ebene könnte man dann an Informationen zum Objekt kommen und damit den virtuellen Museumsbesuch im Internet initiieren. Wenn interaktive Medien ein Plus bieten können zum realen Objekt, dann finde ich das fantastisch und meine, dass man sie einsetzen sollte. Ich bin aber zurückhaltend, wenn man Vorhaben in einem neuen Medium auf Biegen oder Brechen zum Funktionieren bringen will, die man besser anders lösen würde.

JU: Also sollen wir doch lieber keine Webmuseen einrichten?

DS: Mir geht es um eine notwendige Wechselwirkung. Es gibt das Werk, das Objekt, und es gibt seine Entsprechung im digitalen Archiv. Gewünscht wäre ja eine Rückwirkung auf das Objekt. Ein Werk soll nicht einfach zur Abbildung werden. Das Objekt muss von der medialen Inszenierung profitieren. Es soll ins Bewusstsein zurückkehren, seine Bedeutung für das kulturelle Gedächtnis soll sich manifestieren. Die Sammlungsobjekte des Museum.BL erlauben uns doch, darüber nachzudenken, womit wir heute beschäftigt sind. Sie können uns helfen, unsere Sicht der Welt zu relativieren, als Zeitzeugen von damals, die uns merken lassen, dass wir heute vielleicht gar nicht so viel weiter sind als früher.

JU: Wie sehen die Museumssammlungen der Zukunft aus?

DS: Wenn wir genügend virtuelle Räume besucht haben, wollen wir wieder echte besuchen.

Welche Leistung bringt ein Museum da? Wie viele ‹altmodische› Museen vertragen wir? Ist ‹altmodisch› im Sinne von Ausharren nicht auch gut? Es bleibt eine Tatsache, dass das reale Objekt in Ausstellungen eine wichtige Rolle spielt.

Das Webmuseum kann unter www.metarchive.ch besucht werden.

HEIMATFABRIK C
KULTURFORUM?
ZU KULTURPOLITISCHEN ERWAR

Museen sind wie Kirchen: Sie stellen grosse Fragen. Woher kommt
der Mensch, wo ist sein Platz, was macht ihn so besonders?
Antworten darauf suchte man früher – ob in Liestal oder anderswo –
hauptsächlich in der grossen, weiten Welt. Später richtete man
den Blick plötzlich in die ‹Heimat›.
Wie betrieben die Museumsleute diese Wurzelsuche?
Warum stellten sie statt exotischer Tiere Webstühle aus?

Wie viel ‹Heimat› braucht ein Museum künftig?
Und wie unbequem darf der Blick in den Rückspiegel heute sein?

ODER

TUNGEN UND VISIONEN

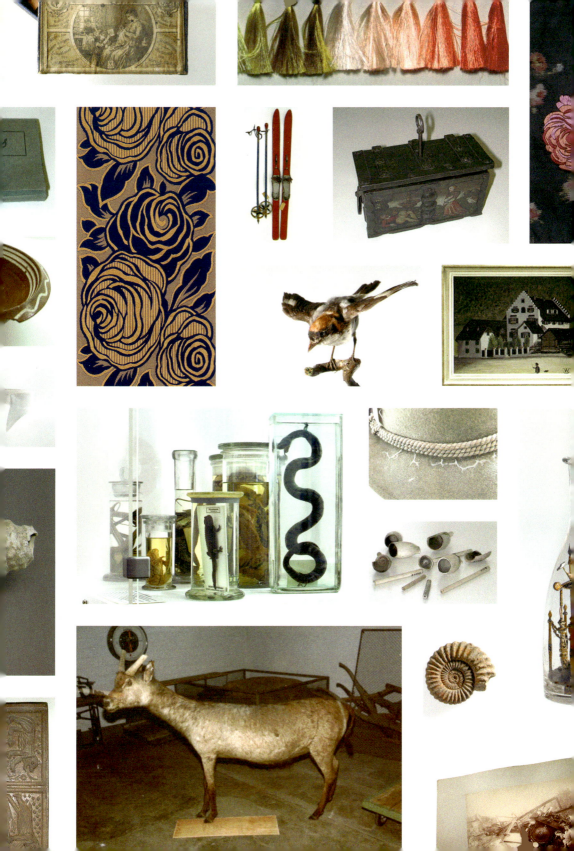

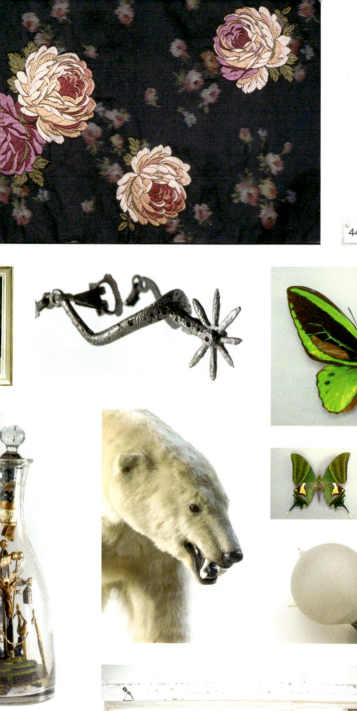

44.33.1.

H5167

BL
88

69.20, K102.3
Waldenburg

Städter.   Die Theilung.   Bauer.

SCHULERS
Gold-
Seife
gibt die schönste
Wäsche

H5287

H5539

Kantonsmuseum
Herbarium

WACHTEL ♀

WACHTELKÖNIG
Crex crex L.

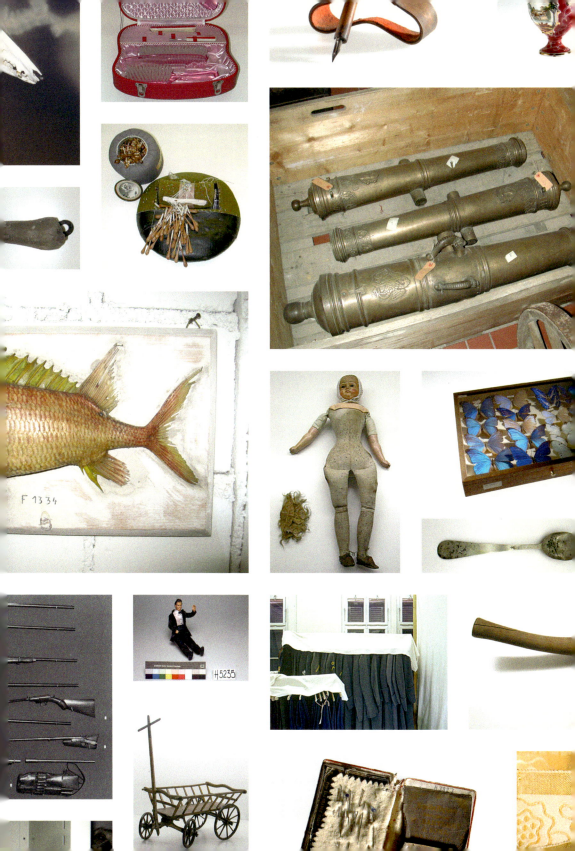

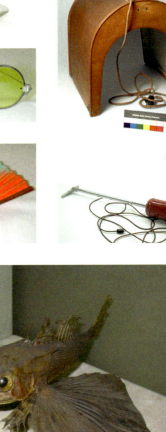

DINGE OHNE GESCHICHTE

DIE MUSEALISIERUNG DES LÄNDLICHEN

Ob Werkzeuge, Kleidungsstücke, Möbel – nach 1930 wurden die Überbleibsel ländlicher Kultur ins Museum gebracht. Um etwas zu verewigen, das man nicht (mehr) kannte.

Das ist eine schwierige Geschichte, dachte Gustav Müller auf dem Heimweg. Der Oltinger Primarlehrer widmete sich in seiner Freizeit der heimatkundlichen Erforschung des Baselbiets. Er sammelte Brauchtümliches und Sagen. Verschiedentlich war es ihm auf seinen Streifzügen durch Bauernstuben gelungen, Gegenstände für das Museum zu erwerben – diesmal aber nicht. Denn das Objekt der Begierde sei noch keineswegs museumsreif, meinten seine Besitzer. Enttäuscht notierte Müller im Februar 1926: «Wenn ich nur bezüglich des Wolfgarnes so guten Bericht geben könnte. Ich war schon mehr als einmal dort, leider ohne günstige Antwort zu erhalten. Wie schmerzlich berührt es mich jedesmal, wenn ich vor dem Betreten der Stube meine Schuhe an der aus dem wohlbekannten Material hergestellten Türvorlage abstreichen muss. Kaum wusste ich, was ich sagen sollte, als man mir die beiden kunstvoll geflochtenen Matten zeigte, die ich ja als Freund der Hand- und der Flechtarbeit hätte gebührend loben müssen.»

Der Name ‹Wolfsgarn› rührte daher, dass man dieses Netz – mit einem Zugseil zwischen Stützen aufgespannt – früher angeblich bei der Treibjagd von Wölfen verwendet hatte. Müller hätte es lieber im Museum als auf der Türschwelle gesehen. Stattdessen nutzten die Besitzer das Netz ganz praktisch: «Bei einem Umbau des Hauses (das früher als Zehntenscheune diente) wurde das Garn vom Dachboden heruntergenommen. Das durch die Maschen laufende Zugseil wurde damals zerschnitten und dient in zwei Scheunen zum Bewegen des Garbenhospels. Auch das Netz wurde in der

Mitte entzwei geschnitten, damit man es wieder versorgen konnte. Die wurmstichigen
hölzernen Stützen (Hären, vgl. ‹eim i d'Häre cho›!) seien beim Aufprallen
auf dem Scheunenboden in viele Stücke zerfahren und verbrannt worden.
Die eine Hälfte des Garnes ist völlig aufgebraucht, von der anderen seien
noch etwa 20 Meter vorhanden. Mit unverkennbarem Stolz auf ihre
Schlauheit erzählten mir die Leute, sie hätten während des Krieges auch
die Halsstricke für das Vieh aus Wolfsgarnseilen gedreht.»
Dass man Dinge wie das Wolfsgarn ins Museum stellen könnte, war den
Bauern offenbar ein fremder Gedanke. In der Tat war die Idee nicht im
Kuhstall geboren worden. Vor dem Hintergrund anhaltender Verstädte-
rung und Modernisierung wurden im frühen 20. Jahrhundert ländliche
Kultur und Tradition idealisiert – und musealisiert. Auch im Baselbiet wa-
ren Wölfe damals längst ausgerottet, Wolfsgarne längst funktionslos
geworden. So sollten diese Objekte wenigstens noch im Museum überle-
ben und von alten Zeiten erzählen.
Was mit dem Wolfsgarn nicht gelang, klappte mit anderen Gegenständen.
Das Museum in Liestal veröffentlichte Aufrufe in der Zeitung, die Bevölkerung spendete. Abgeliefert wurden zum Beispiel eine Hanfbreche, eine
Fuchsfalle, eine Krämerwaage, eine Cheminéeplatte, hölzerne Engelsfi-
guren, Kornmasse und Spinnräder. Die volkskundlichen Sammlungsbestände wuchsen ab Ende der 1920er-Jahre zuerst langsam, dann stark.
Bereits 1928, als das Museum nach einer Umbaupause seine Türen wieder
öffnete, wurde dem Publikum ein besonderer Saal mit den Anfängen einer kulturhistorischen Sammlung präsentiert. Mit der Zeit solle daraus
ein kleines Heimatmuseum entstehen, hiess es.
In dieser Ausstellung wäre das Wolfsgarn ein Prunkstück gewesen – und
zugleich ein geschichtsloses Überbleibsel mehr. Denn viele dieser neu
gesammelten Objekte wurden ohne Angaben zu Herkunft und Nutzung,
sondern nur mit knappen Notizen zu den Schenkungs-/Kaufumständen

erfasst. Auch beim Wolfsgarn blieb offen, ob und wann das Netz zur Wolfsjagd verwendet worden war. Für Gustav Müller wie für Museumsleiter Franz Leuthardt hatte die konservatorische Rettung Vorrang vor der inhaltlichen Erforschung. Oder erschienen ihnen die gängigen Erklärungen selbstverständlich? Sie konnten nicht ahnen, dass die Nachwelt dieser Praxis mit gemischten Gefühlen begegnen würde: Wie kann denn ein Objekt historischen Wandel begreifbar machen, wenn man seine Geschichte nicht kennt? Wird es dann nicht zur leeren Projektionsfläche? Gustav Müller war ein Sagen- und Geschichtensammler. Vielleicht steckt ja auch in der Geschichte vom Wolfsgarn ein wahrer Kern – vielleicht ist sie bloss Seemannsgarn.

Im Land der schönen Bänder

Die Entdeckung der Posamenterei

In den 1970er-Jahren wurde die Seidenbandweberei zum Baselbieter Identitätssymbol. Weil sie als Sinnbild eigener Widerständigkeit, Kompetenz und Schönheit präsentiert wurde – nicht zuletzt im Museum.

Im Landratssaal zu Liestal, wo sonst das kantonale Parlament tagte, surrten am 13. Februar 1974 die Projektoren. Angekündigt war der Dokumentarfilm ‹Die letzten Heimposamenter›, als Premiere im Kanton der Heimposamenterinnen und -posamenter. Wie hiess es doch im ‹Baselbieter Lied›, das an keiner patriotischen Feier fehlen durfte: «Das Ländli isch so fründlig … schöner als im Baselbiet cha's währli niene sy … Die Baselbieter Lütli si gar e flyssge Schlag … mache Bändel … gar luschtig uf dr Wält.» Der Film allerdings versprach, ein ganz anderes Bild der Vergangenheit zu zeigen.

Ob das Publikum wusste, was für eine aussergewöhnliche Vorgeschichte die Dokumentation hatte? Der Anstoss war von der ‹Schweizerischen Gesellschaft für Volkskunde› gekommen. Museumsleiter Jürg Ewald (1970 bis 1998 im Amt) regte daraufhin die Bildung einer kantonalen Kommission und die Bereitstellung eines Kredits an. Er hatte erkannt, dass mit dem Aussterben der Posamenterei auch ein wichtiges Stück Baselbieter Geschichte vergessen zu gehen drohte. Die Kommission beauftragte deshalb Filmemacher Yves Yersin, das Handwerk der Seidenbandweberei im Baselbiet zu dokumentieren. Der kurze Film lag schon 1972 vor. Yersin merkte bald, dass seine Aufnahmen mehr als Handwerksgeschichte bargen: «Was mich, beim ersten Kontakt mit den Posamentern, beeindruckte, war dieses Ineinander von Pittoreskem, Poesie und sozialem Ernst. Bereits in einem Zimmer gibt es diese ausserordentlich schöne Mischung, und gleichzeitig fühlt man die enorm schweren sozialen und politischen Auswirkungen. In den Geschichtsbüchern herrscht ein sehr malerisches Bild von den Posamentern vor. Dazu kommt eine gewisse Schönheit der Stoffe, das Buntfarbene des Produkts. Mir erschien es wichtig, dieses Bild zu zerstören, aber nicht, indem ich diesen Teil der Wahrheit unterschlug: Denn ein derartiges Handwerk ist auch sehr, sehr schön.» Deshalb schuf Yersin aus dem vorhandenen Material zusätzlich einen zweiten, abendfüllenden Film, eben ‹Die letzten Heimposamenter›. Tief beeindruckt verfolgten die Zuschauer im Landratssaal den einfachen Tagesablauf eines Posamenters, das enge Nebeneinander von Wohnen und Arbeiten. Nicht nur dieser Abend, sondern jede der vielen folgenden Filmvorführungen wurde zum Erfolg. Das freute die Initianten. Doch im Museum selbst war die Seidenbandweberei kaum dokumentiert, in der ‹Volkskundlichen Sammlung› lagerten bloss einige Webstühle mit Zubehör. Das sollte sich bald ändern. Nur ein Jahr nach der Filmpremiere stand die gesamte Betriebsdokumentation der Gelterkinder Firma ‹Seiler & Co. AG› zum Verkauf. Jedes Band, das diese Fabrik verlassen hatte, war darin dokumentiert – vom ersten gemalten Entwurf bis zur Ausführung samt Webanleitung. Die Sammlung umfasste unter anderem mehrere hundert Musterbücher und Schachteln mit Bandmustern. Kein Wunder, dass auch Basler Museen Interesse daran zeigten. Schliesslich war die Seidenbandindustrie von der Stadt aus aufgebaut und kontrolliert worden. 1975 kam es zu einer Verhandlungsrunde mit Regierungsräten und Museumsvertretern beider Halbkantone. Da soll der basellandschaftliche Regierungsrat Paul Manz auf den Stockzähnen gesagt haben: «Diese Sammlung holen wir uns.» So geschah es. Die ‹Sammlung Seiler› wurde buchstäblich zu einem Grundstein des neuen Museums im alten Zeughaus. 1984 eröffnete Jürg Ewald die erste der geplanten Dauerausstellungen: eine Präsentation der Seidenbandweberei auf gleich zwei Etagen.

Der Posamenterfilm von 1974 hatte bei den Auftraggebern nicht nur freudige Gefühle ausgelöst. Yves Yersins Montage konfrontierte die Produktionsbedingungen in den Stuben der Heimposamenter unmittelbar mit den Interessen der Basler Bändelherren. Aussage stand gegen Aussage. Die einen fassten den Film als Anklage gegen die Stadt Basel auf – es war schliesslich erst fünf Jahre her, seit sich die Baselbieter Stimmbevölkerung selbstbewusst und deutlich gegen eine Wiedervereinigung mit der Stadt ausgesprochen hatte. Die anderen sahen darin die Dokumentation einer Vergangenheit, auf die man plötzlich stolz war. Nicht zuletzt, weil Seidenbänder eben auch schön sind.

Vom Film 1974 zur Sammlung 1975 und zur Ausstellung 1984: Die Posamenterei wurde innerhalb weniger Jahre als attraktives Kulturerbe entdeckt und im Schaufenster des Kantons, dem Museum, präsentiert. Seither prägen Seidenbänder das Bild vom Baselbiet. Allerdings werden sie inzwischen wohl eher als folkloristisches denn als politisches Symbol wahrgenommen. Dabei sind etliche der Bändel, die es im Museumsshop heute als Souvenir zu kaufen gibt, eigentliche historische Zeugnisse – stammen sie doch noch aus den Beständen der Firma ‹Senn›, die 2001 als letzte Baselbieter Bandfabrik ihre Tore schloss. Diese Bänder sind nicht nur schön, sondern erzählen auch eine schillernde Geschichte.

DAS ABGERÜSTETE ZEUGHAUS
KONFLIKTE UM EINE WAFFENAUSSTELLUNG

Alte Waffen gehören für viele zu einem historischen Museum. Erst recht, wenn letzteres sich in einem alten Zeughaus befindet. Doch mit dem Ende des Kalten Kriegs kam frischer Wind auf.

1989 war ein bewegtes Jahr. In Berlin fiel die Mauer, in der Schweiz feierte man das Gedenken an den Weltkriegsausbruch 1939. Und beim Urnengang über die Abschaffung der Schweizer Armee gab es erstaunliche fünfunddreissig Prozent Ja-Stimmen. Der Kalte Krieg neigte sich seinem Ende zu. Im Museum hatte die Abrüstung allerdings schon früher begonnen. Als es nach 1979 allmählich vom Regierungsgebäude an den heutigen Standort im alten Zeughaus umzog, wurde die Ausstellungspolitik grundsätzlich überdacht. Da war es kaum zu vermeiden, dass auch schlafende Hunde geweckt wurden. Im Besitz des Kantons befand sich nämlich eine Sammlung, die noch nie ausgestellt worden war: die ‹Waffensammlung›. Nach der Basler Kantonstrennung waren 1834 Teile der militärischen Ausrüstung nach Liestal überführt worden. Bloss waren sie vorerst nicht im Museum, sondern im Zeughaus gelandet, das damals noch als Waffenarsenal diente. Dort blieben diese Gewehre und Uniformen und Säbel fast hundertfünfzig Jahre lang. Dem Museum fehlten Geld und Raum. Und als es dann ins alte Zeughaus umzog, geschah das mit neuen Visionen. «Was wir ganz

begraben können, das ist das Modell einer Waffenschau im 3. Oberge-
schoss», schrieb 1983 Museumsleiter Jürg Ewald (1970 bis 1998 im Amt).
Dort käme nämlich die Seidenband-Ausstellung hin. Sowieso würden
gemäss dem neuen Ausstellungskonzept höchstens noch einige wenige
Waffen gezeigt.

In Militärkreisen aber war in den frühen 1980er-Jahren eine Lobby für eine
Waffenschau entstanden. 1986 regte die Militärverwaltung anlässlich des
Jubiläums der ‹Offiziersgesellschaft Baselland› an, man könne doch die
laufende Sonderausstellung ‹Baselland und seine Militärgeschichte› in
eine permanente Museumsschau umwandeln. Zufällig war dieser Vor-
stoss kaum. Noch steckten die überlieferten Bilder von Wehrhaftigkeit
in vielen Köpfen, mochte der Kalte Krieg auch in seinen letzten Zügen
liegen. Das Gedächtnis des Kantons war damals noch immer geprägt von
den Erzählungen über die siegreichen Trennungskämpfe mit Basel. Das
150-Jahr-Jubiläum des Kantons Basel-Landschaft wurde 1982 denn auch
traditionell mit einem Truppendéfilee gefeiert.

So kam es 1986 zum Konflikt um die Waffenausstellung. Eine Aussprache
auf höchster Ebene wurde unumgänglich. Am Tisch sassen der zuständige Regierungsrat, die Museumsleitung und einer der Initianten der
Waffenschau. Letzterer, ein Landrat, meinte, die Seidenbandausstellungen
seien ja schön und recht, aber man könne sie ohne Weiteres reduzieren
«zugunsten der Präsentation früheren Kriegsmaterials. Gerade für die
Schuljugend wäre doch die Präsentation der Verteidigungsbereitschaft
unserer Vorfahren von grossem erzieherischem Wert für die Förderung
des Heimatgefühls.» Die Museumsleitung hingegen wies darauf hin, dass
die laufende Militärgeschichtsausstellung alles andere als ein Publikumserfolg sei. So einigte man sich darauf, repräsentative Stücke der ‹Waffensammlung› zu restaurieren und im neuen Zeughaus auszustellen. Allerdings, so der Vorbehalt, erst nach gründlicher Revision. Denn die Sammlung war nur

mangelhaft inventarisiert. Die Waffen und Ausrüstungsteile hatte man übrigens gemäss Absprache mit der Militärverwaltung nach 1984 in die Depots des Museums überführt, als so genannte ‹Studiensammlung›. Und dort stehen sie heute noch. Offenbar fehlten in den Folgejahren die finanziellen Mittel, um die aufwändige Inventarisierung durchzuführen. Hinzu kam, dass sich nach 1989 das öffentliche Gedächtnis des Kantons zusehends entwaffnete. Eine patriotische Heldenshow oder, wie Jürg Ewald 1986 warnte, eine «verstaubte Morgarten- und Winkelried-Präsentation» hatte keinen Platz mehr im Museum. Wären die bewegten Achtzigerjahre nicht gewesen, sähe das Museum.BL heute vielleicht so aus wie auf den Planentwürfen der Weltkriegsjahre: mit einem weitläufigen Waffensaal voller Rüstungen, Kanonen, Hellebarden, Uniformen.

EXPERIMENT NAMENSWECHSEL
WARUM SICH DAS KANTONSMUSEUM ZWEIMAL UMTAUFTE

Ein Museum, das nicht mehr Museum heisst? Soviel Verfremdung wollte das Publikum nicht, zumindest nicht derart augenfällig.

Im Sommer 2003 kam das Museum ungewollt in die Schlagzeilen. Auf dem Tisch von Museumsleiterin Barbara den Brok häuften sich Telefonnotizen, Leserinnenbriefe, Reklamationen. «Bitte senden Sie mir keine Post mehr, erst wieder, wenn die einfältige Namensänderung rückgängig gemacht worden ist!», hiess es da. Von Skandal war die Rede, von Sprachverstümmelung. Schon wüssten die Schüler nicht mehr, wie man Museum richtig schreibe. Der neue Name ‹MUSEHUM.BL› sei eine absurde Idee, ein Museums-‹Gäägli›, ein Marketingfurz etc. Warum man nicht beim alten Namen ‹Kantonsmuseum Baselland› geblieben sei?

Soviel geballte Kritik war nicht leicht zu verdauen für die Museumsleute. Sie standen zudem vor ganz praktischen Schwierigkeiten. Wie schrieb man diesen Namen jetzt? Das offizielle Logo sah Grossbuchstaben vor. Im Schriftverkehr zirkulierten jedoch verschiedenste Varianten: ‹MuSEHum.BL›, ‹Musehum.BL›, ‹musehum.bl› etc. Am Telefon hiess es «Museum Be-el» (das H liess sich ja kaum aussprechen). Das alte ‹Museum› überlebte aber in Bezeichnungen wie ‹Museumsdepot›, ‹Museum nach fünf› oder ‹Mein Museum›. Lösungen wurden gesucht und verworfen. Die verantwortlichen Werber betonten, die neue Marke brauche Zeit, um sich durchzusetzen. Allerdings sei es schon so: Das Logo wirke verständlicher als der ausgeschriebene Name.

Schliesslich entschied Barbara den Brok, den Namen nach nur zehn Monaten erneut zu ändern. Die Bilanz war zu ernüchternd. Man konnte es den Besucherinnen und Fragenden lange erklären: Der ursprüngliche Name töne zu sehr nach verstaubter Verwaltung; man besitze zwar umfassende Regionalsammlungen, doch die Ausstellungen würden sich aktuellen, kantonsübergreifenden Themen widmen; das H im Namen betone, wie wichtig das Sehen im Museum sei; das Logo mit den beiden Kreisen lasse sich als Fernglas interpretieren und stehe für Einblick, Durchblick etc. Doch die Reaktionen darauf waren vor allem Kritik und Unverständnis. Kaum jemand ausserhalb des Museums sprach oder schrieb das zusätzliche H ohne spöttischen Unterton.

Vielleicht wäre ein weniger radikaler Namenswechsel ohne Aufsehen über die Bühne gegangen? Man hatte die Identifikation des Publikums mit dem traditionellen Namen unterschätzt. Offenbar erwarteten grosse Teile der Bevölkerung, dass das Museum als Hüter der Vergangenheit zumindest symbolisch unwandelbar bleibe. Als der Schriftzug ‹MUSEHUM.BL› im Sommer 2003 an einer Ausstellungsvernissage präsentiert wurde, war die Überraschung gross. Wem ausserhalb des Museums war schon bekannt, dass eine

Umbenennung seit Jahren in der Luft gelegen hatte? Und war nicht schon in den 1980er-Jahren da und dort inoffiziell vom ‹Museum im alten Zeughaus› die Rede gewesen? So stand es ja auch auf der Vitrine vor dem Eingang – allerdings mit dem Untertitel ‹Kantonsmuseum Baselland›. Vom Gedanken bis zur Durchführung hatte es jedoch einige Jahre und einen personellen Wechsel gebraucht. 1999 hatte die Historikerin und Museologin Pascale Meyer die Museumsleitung übernommen, und für die Öffentlichkeitsarbeit wurde die Journalistin und Kulturmanagerin Claudia Pantellini zuständig. Neue Gesichter tauchten auch auf anderen Museumsstellen auf. Sie waren nicht mit dem alten Namen gross geworden, empfanden ihn eher als Last denn als zukunftsweisendes Label. Immer lauter wurde das Unbehagen: «Wie werden wir das Verwaltungsimage los? Wie machen wir unsere Stärken sichtbar, das Zeigen und Sehen und Begreifen?» Nach einem internen Hearing lagen 2001 Vorschläge wie ‹ZEIG-HAUS›, ‹Museum für Natur und Kultur› oder ‹KULTUR-ZEUG-HAUS› auf dem Tisch. Eine Agentur wurde beauftragt, es entstanden weitere Varianten. Immer deutlicher strebten die Beteiligten auf eine radikale, überraschende und pfiffige Lösung zu. Verworfen wurden ‹kulturgut.bl›, ‹Museum für Zeitfragen.BL›, ‹MUSEUMIMPULSBL› – auf allgemeine Zustimmung stiess hingegen ‹MUSEHUM.BL›. Diesen neuen Namen hatte Barbara den Brok sozusagen druckfrisch vorgefunden, als sie 2003 ihr Amt antrat. Ernüchtert stellte sie 2004 fest, dass die ganze Auseinandersetzung das Gegenteil des Erwünschten bewirkt hatte: Sie lenkte ab von den Potenzialen des Museums. Das Museum wolle sein Publikum mit Inhalten überraschen und nicht mit Formfragen. Man wolle Aha- statt H-Erlebnisse. Der alte Begriff ‹Kantonsmuseum› kam aber nicht mehr in Frage. Und so wurde dem neuen Namen ‹MUSEHUM.BL› seine auffälligste Feder, das H, gerupft, und seither präsentiert es sich – ohne grosse Publikumsreaktionen – als ‹Museum.BL›.

«Wenn die Heimat zu miefen beginnt, haben wir etwas falsch gemacht»

Ein Emmentaler ist oberster Bewahrer der Baselbieter Identität. Urs Wüthrich, Vorsteher der Bildungs-, Kultur- und Sportdirektion, hat ein unverkrampftes Verhältnis zum Heimatbegriff. Gerade als Linker stehe man in der Verantwortung, die Heimat zu pflegen, sagt Wüthrich. Auch im Museum.

Philipp Loser: Herr Wüthrich, wir sollen ein Gespräch über Heimat führen. Sie stammen aus dem Emmental, sind quasi ein ‹fremder Fötzel›. Sind Sie die richtige Person für dieses Gespräch?

Urs Wüthrich: Ganz offensichtlich hat ein grosser Teil der Baselbieter Bevölkerung das Gefühl, ich sei zwar kein Sissacher oder Liestaler, aber trotzdem ‹eine vo öis› (lacht). Fremd ist man an einem Ort nur, wenn man sich nicht bemüht, heimisch zu sein. Seit ich hier lebe, habe ich immer versucht, mit den Leuten im Gespräch zu bleiben. Mein heutiger Beruf ist eine einzigartige Chance, mit ganz unterschiedlichen Menschen in Kontakt zu kommen. Insofern fühle ich mich hier sehr heimisch.

PL: Sie fühlen sich heimisch, aber ihre Heimat ist das Baselbiet nicht.

UW: Wenn mich jemand fragt, was ich sei, sage ich immer: «Emmentaler». Auch in der Zeit vor den Wahlen. Bin ich im Emmental, rieche ich andere Gerüche, spüre ich andere Stimmungen. Meine Gemütslage ist dort eine andere als hier. Im Baselbiet fühle ich mich insofern heimisch, als hier meine Kinder aufgewachsen sind und ich sehr viele Leute gut kenne – und zu wissen glaube, was die Menschen interessiert.

PL: Warum haben dann ausgerechnet Sie, ein Emmentaler, der Baselbieter Heimatbuchkommission im Jahr 2007 verboten, den Begriff ‹Heimat› aus dem Namen zu nehmen?

UW: Aus der Überzeugung heraus, dass eine Buchserie mit einem so breiten Spektrum von Themen eine einzigartige Chance ist aufzuzeigen, wie vielschichtig der Begriff ‹Heimat› ist. Heimat darf nicht ausschliesslich am 1. August stattfinden. Heimat hat nichts mit Ausgrenzung oder Überheblichkeit zu tun. Heimat bedeutet in erster Linie, einen Lebensraum zu gestalten, in dem alle Platz und Chancen haben. Das ist Heimat.

PL: Das ist Ihre Definition. Für andere mieft der Begriff ‹Heimat›.

UW: Der Begriff beginnt zu miefen, wenn ihn ausgerechnet die Linken vermodern lassen. Bei uns liegt die Verantwortung, den Heimatbegriff nicht von der rechten Seite bewirtschaften zu lassen. Das ganze politische Spektrum muss sich darum bemühen, dass sich hier so viele Leute wie möglich heimisch fühlen. Wenn die Heimat zu miefen beginnt, haben wir etwas falsch gemacht.

PL: Und wie soll erreicht werden, dass der Begriff nicht nur von der einen Seite des Politspektrums besetzt wird?

UW: Wichtig sind Klarstellungen: Heimat ist nicht den Menschen vorbehalten, die seit sechs Generationen hier wohnen. In einer sich verändernden Welt muss sich auch der Begriff ‹Heimat› weiterentwickeln. Mein ‹Erweckungserlebnis› in dieser Hinsicht hatte ich an der Fussball-Weltmeisterschaft in Deutschland, als ich in Stuttgart gemeinsam mit den linken Stadtpräsidenten von Zürich und Bern – Elmar Ledergeber und Alexander Tschäppät – die Nationalhymne sang.

PL: Trotzdem sind es vor allem die Linken, die mit dem Heimatbegriff Mühe haben.

UW: Nehmen Sie die Macher des Heimatbuchs: Die haben dieses Dilemma hervorragend aufgebrochen und als Reaktion auf meine Anweisung ein Buch zum Thema ‹Heimat› gemacht. In einer fantastischen Art und Weise zeigen sie auf, wie viele Dimensionen der Begriff hat.

PL: Auch die Museumsmacher überlegen sich immer wieder, wie viel Kanton ihr Museum braucht. Wie wichtig ist das ‹BL› im Museum.BL?

UW: Sehr wichtig. Als Museum mit beschränkten Mitteln kann man nicht mit einem historischen Museum in London konkurrenzieren, sondern muss dafür sorgen, dass man in der eigenen Liga am besten ist. Es gilt, sich mit guten Ideen thematisch breit zu positionieren – und immer den Bezug zum eigenen Kanton zu haben.

PL: Der Bezugspunkt Baselbiet ist wichtig?

UW: Ja, aber nicht nur als Blick nach innen, sondern als Ausgangspunkt, um das Verhältnis des Baselbiets zu Anderem zu ergründen.

PL: Wie schwer sich die Museumsmacher manchmal damit tun, kann man an der Namenswechsel-Debatte erkennen. 2003 nannte sich das ‹Kantonsmuseum Baselland› für kurze Zeit ‹MUSEHUM.BL›.

UW: Es ging damals darum, sich von anderen Museen zu unterscheiden. Die an sich originelle Sprachschöpfung war aber von Beginn weg belastet. Das Museum ist in der Kultur- und Bildungsdirektion beheimatet – sofort kam der Vorwurf: «Die kennen nicht mal die Rechtschreibung ...» Das Intermezzo war gut, es hat für Aufmerksamkeit gesorgt. Trotzdem bin ich froh, dass es ein Intermezzo geblieben ist.

PL: Liest man die vorliegenden vier Texte zum Thema ‹Heimatfabrik oder Kulturforum›, wird eines klar: Für die Ausstellungsmacher ist es nicht immer einfach, die richtige Mischung zwischen Retro- und Prospektive zu finden. Was raten Sie?

UW: Wie in allen Kulturbereichen bewegen sich die Museumsmacher auf einer Gratwanderung zwischen niederschwelligen Angeboten mit attraktiven Programmen und Experimentellem. Zum-Nachdenken-Anregen ist ein wichtiger

Zweck des Museums. Die Vorraussetzung dafür ist aber, dass die Leute überhaupt ins Museum kommen.

PL: Anders gefragt: Wie viel Heimat braucht denn ein Museum?

UW: Das kann ich nicht sagen. Entscheidend ist, dass das kantonale Museum keine beliebigen Ausstellungen produziert. Es braucht einen Bezug zu Liestal, zum Kanton. Sonst können wir den Besuchern Gratistickets für Ausstellungen in Zürich abgeben.

PL: Was uns zum ersten Fragenkomplex zurückbringt. Ist das Museum.BL der Bewahrer der kulturellen Identität des Baselbiets?

UW: Kulturelle Identität ist nichts Statisches, sondern etwas sehr Dynamisches. Ich würde unterscheiden zwischen Zeitzeugnissen der Geschichte und Aspekten, die unsere Identität heute ausmachen. Das kann man gut verbinden: Wenn wir uns über die Veränderung unseres Lebensraums Gedanken machen, indem wir zwei Bilder nebeneinander aufhängen, die im Abstand von ein paar Jahren aufgenommen wurden, ist das ein Beitrag zur Identitätsstiftung. So schärfen wir unser Bewusstsein, dass die Gestaltung unseres Lebensraums nicht dem Zufall überlassen werden darf. Dieser Raum ist begrenzt, wir müssen ihm Sorge tragen.

PL: Gibt es überhaupt so etwas wie eine Baselbieter Identität?

UW: Als ich ins Baselbiet zog, tat ich das wegen des Klimas, und zwar im doppelten Sinne: In Aarau, wo ich vorher gewohnt hatte, befand

man sich zwischen September und März in einer nebligen Waschküche – während der Himmel hier meist blau ist. Ausserdem war ich fasziniert von einer gewissen ‹Hemdsärmligkeit› der Leute. Diese erlebe ich auch als Regierungsrat: Ich kann mit den Leuten reden und brauche nicht diplomatische Noten auszutauschen. Das ist eine Qualität, die ich typisch finde für die Baselbieter. Anderweitig fällt mir eine gewisse Ambivalenz auf: Einerseits meint man, alles besser zu können, und andererseits kommt blitzartig ein Minderwertigkeitsgefühl auf, weil man das Gefühl hat, die anderen – vor allem die Städter – kämen besser weg.

PL: Die Identifikation mit dem Kanton als Abgrenzung zur grossen Stadt. Können Sie diese Haltung nachvollziehen?

UW: Ich habe ein gewisses Verständnis dafür. Und ich nehme es als Realität zur Kenntnis, dass im Ausland das städtische Zentrum immer bekannter ist als die Region. Diese Erscheinung ist unabhängig von Basel und Basel-Landschaft – urbane Zentren haben immer bessere Karten punkto Wahrnehmung. Dies ändern zu wollen, ist erstens falsch und zweitens unmöglich.

PL: Zum Schluss noch einmal zurück zum grundsätzlichen Thema. Die Ausgangslage unseres Gesprächs zeigt doch, dass wir ein verkrampftes Verhältnis zu Begriffen wie ‹Heimat› und ‹Tradition› haben.

UW: Als Jugendlicher habe ich vor dem 1. August immer meine Grossmutter geärgert, indem ich über die Erfindung von Tell und den drei

Schwörern auf dem Rütli dozierte und mir wahn-
sinnig gescheit dabei vorkam, gegen alles anzu-
treten, was ihr wichtig war. In der Zwischenzeit
hat sich mein Heimatbegriff gewandelt: Warum
soll ich Mühe haben damit? Man muss sich überlegen, welche positiven Aspekte er beinhaltet,
und sich dann politisch mit diesen positionieren.
Hier möchte ich einen Beitrag leisten. Wie ich
schon zu Beginn gesagt habe: Es ist verantwor-
tungslos, wenn wir die ‹Heimat› der anderen
Seite überlassen.

WO BLEIBT DIE L

ZU MOTIVEN UND ZWÄNGEN MU

Für den Aufbau eines Museums braucht es mehr als Geld und Objekte.
Genauso wichtig sind Menschen mit Visionen und Träumen,
die Ungewöhnliches realisieren und das scheinbar Unmögliche wagen.
Männer und Frauen eben, die sich mit Herz und Verstand für eine
Sache einsetzen, damit aus Ideen und Bauplänen ein wirkliches Museum
entstehen kann.

Natürlich fehlt es den Kulturbetrieben oft an Geld. Aber wie steht es
mit der Leidenschaft?
Welchen Stellenwert hat sie in den heutigen Arbeitswelten überhaupt noch?

EIDENSCHAFT?

SEALER ARBEIT

St.Petersinsel. 1930

ÜBER STOCK UND STEIN

*Bodenständig war die Neugier dieses ersten Museumsleiters.
Er sammelte buchstäblich alles, worüber er stolperte – aber mit Methode.*

Es muss ein heisser Tag gewesen sein. Die Knaben planschten im Wasser, am
Ufer sonnten sich weibliche Badegäste im Einteiler. Und dazwischen stand
dieser ältere Herr, korrekt gekleidet mit Weste, Hut und Stock: Muse-
umsleiter und Bezirkslehrer Franz Leuthardt auf einem Ausflug mit seinen
Zöglingen. Damals, im Juni 1930, zählte Leuthardt bereits neunundsech-
zig Jahre. Wie immer war sein Blick wach, auf das Wesentliche gerichtet.
Unter der fotografischen Aufnahme, mit der Kollege Walter Tschudin die
Szene am Bielersee festhielt, notierte Leuthardt: «Fundstelle der Mäander-
steine bei der Petersinsel im Bielersee. Hier haben im Juni 1930 bei einem
Schülerausflug der Bez. Schule Liestal die Knaben viele Exemplare auf-
gelesen und mitgebracht.»

Einmal mehr verband Franz Leuthardt (1890 bis 1934 im Amt) Arbeit und
Vergnügen, Lehrerpflicht und Naturforscherlust. Diese schier unstillbare
Sammellust war typisch für ihn. Kaum einmal kehrte er von einem Spa-
ziergang oder einer Exkursion ohne ein Fundstück oder zumindest eine
Beobachtung zurück. Seine Feldtagebücher – sie füllen mehrere Archiv-
regale – sind voller Notizen über Wetterphänomene, Tiere, Gesteins-
formationen. In seinem privaten Studierzimmer reichten die Bücher-
schränke bis zur Decke, zahlreiche Schubladen bargen Belegstücke seiner
geologischen Sammlung. Auch die aufkommende Archäologie betrieb
er mit Fleiss und Genauigkeit, beugte sich über Gräber und Mauerreste,
klassifizierte Knochenstücke und Pfeilspitzen. Und traf er beim Spazie-
ren einmal auf einen Wachtelkönig, verunglückt am Stacheldrahtzaun,
nahm er ihn mit.

65

Eine ähnliche Sammellust hatte auch schon Leuthardts Vorgänger gepackt und geprägt. Ganz zu schweigen von all den privaten Sammlern, deren Früchte jahrelanger Arbeit dem Museum vermacht wurden. Wie hatte doch 1866 Friedrich Nüsperlin, der damalige Museumsbetreuer, sinngemäss Schiller zitiert als Motto: «Das ist meine Beute, was da kreucht und fleucht!» Doch Dr. Franz Leuthardt brachte der Lust auch noch Methode bei. Anders als die bisherigen Museumsleiter war er ein Vollblutwissenschaftler, mit abgeschlossenem Studium und anhaltender Forschungstätigkeit. Er gehörte zu den Gründungsmitgliedern der ‹Naturforschenden Gesellschaft Baselland› und amtete bis zu seinem Tode als deren Präsident. Lang ist die Liste seiner Forschungspublikationen, die sich auf Museumsbestände beziehen. Kaum hatte er sich 1889 nach seiner Wahl zum Bezirkslehrer in Liestal niedergelassen, kümmerte er sich als Freiwilliger um die Museumssammlungen. Zuerst ordnete und katalogisierte er die Insektenbestände, ab 1890 – nun als Museumsleiter im Nebenamt – nahm er sich die übrigen Sammlungen vor. Die Mineralien und Versteinerungen lagen ihm dabei besonders am Herzen. Diese Sammlung sei eine «Zierde unserer Anstalt», schrieb er 1892 – wenn sie denn endlich vollständig bestimmt und eingeordnet sei. Bisher hatte das Museum nur Gelegenheitsfunde besessen, zusammengetragen hauptsächlich vom Museumsgründer Benedikt Banga. Nun begann Leuthardt damit, eine allgemeine Sammlung von Gesteinen und Fossilien des Kantons aufzubauen. Kaum eine Tunnelbaustelle, ein Steinbruch oder ein Bauaushub entging seiner Aufmerksamkeit. Entsprechend füllten sich die Schubladen in den Museumsräumen und in der Leuthardt'schen Behausung.

Als Franz Leuthardt 1934 starb, bezeichnete ihn ein Lehrerkollege im Nachruf als «den richtigen Landesgeologen», als «einen Mann, der den Boden Basellands kannte, wie keiner vor ihm». Schon als Knabe habe er seinem Sammeleifer gefrönt. Und später habe man seine hohe Gestalt landauf, landab erkannt, wenn er mit Rucksack und Knotenstock herumgewandert sei, klopfend, grübelnd, zentnerweise Schätze vom Boden aufhebend.

LEBENSLANG DABEI
PAUL SUTER UND DIE EPOCHE DER FREIWILLIGEN

Viel Ehre und wenig Lohn – darin bestand lange Zeit das Los der Museumsmitarbeitenden. Was waren das für Männer, die sich nebenamtlich und mit Herzblut engagierten?

«Pssst, Papa arbeitet.» Oft fielen diese Worte, abends, am Wochenende, jahrelang. Auch die Nachbarbuben schauten mit Respekt und zugleich Scheu hinüber zum Wohnhaus der Suters. Nachts brannte das Licht oft noch zu später Stunde, und dann wusste man: Paul Suter ist immer noch am Arbeiten. Wenn sich sein Sohn Peter an diese Zwischen- und Nachkriegsjahre erinnert, klingt Stolz mit. Zu Recht habe der Vater 1969 den Baselbieter Kulturpreis erhalten – den ersten, den der Kanton vergab. Es war die Auszeichnung für einen unermüdlichen Schaffer im Dienste seiner Heimat, den Vertreter einer Epoche, die sich dem Ende zuzuneigen begann.

Paul Suter (1961 bis 1970 im Amt) hatte viel vor und wenig freie Zeit. Hielt sich der Bezirkslehrer nicht in der Schule und nicht im eigenen Studierzimmer auf, so stand er meist anderswo im Dienste der Heimatforschung. Zum Beispiel im Hinterzimmer der Kantonsbibliothek: Tief hingen dort die Schwaden des Zigarrenrauchs unter der gelblichen Lampe. Auf dem Tisch häuften sich Stapel von Manuskripten, Foto-Klischees und Besprechungsnotizen. Drei Männer sassen am Tisch, nachdenklich lesend oder angeregt debattierend.

Kein Türschild verriet, wer hier tagte, stunden- und nächtelang, während Jahrzehnten. Ein Geheimbund? Im Gegenteil. Die Gesichter und Namen waren bekannt: Peter Stöcklin, Hans Sutter und Paul Suter, alle drei Lehrer und Mitglieder kulturhistorischer Baselbieter Vereine. Keiner von ihnen war beim Museum angestellt. Doch ohne ihr Engagement im Hintergrund wäre Museumsleiter Walter Schmassmann auf verlorenem Posten gestanden. Die Stelle des Konservators war seit ihrer Schaffung 1890 als nebenamtliche Aufgabe zu bewältigen, und natürlich reichte die dafür vorgesehene Zeit nie. Freiwillige vor – freie Zeit dahin, so müsste man diese Situation aus heutiger Sicht beschreiben.

Zum weitläufigen Beziehungsnetz des Museums gehörten viele Lehrer: Volksbildner von Beruf und aus Berufung. Die meisten wirkten ohne Auftrag als stille Schaffer in Kommissionen und Vereinen. Der Lehrerberuf bot im frühen 20. Jahrhundert eine sichere Perspektive, Lehrer gehörten zur schmalen bildungsbürgerlichen Elite des Kantons. So auch Paul Suter: Aufgewachsen war er im Baselbiet, studiert hatte er in Basel. 1926 kehrte er als Sekundarlehrer nach Reigoldswil zurück. Auch seine Vorgänger im Museum, Franz Leuthardt (1890 bis 1934 im Amt) und Walter Schmassmann (1935 bis 1961), waren haupteruflich Lehrer gewesen.

Was trieb diese Männer an? Bei Paul Suter war es, so vermutet Sohn Peter, ein Stück Dankbarkeit. Kantonale Stipendien hatten dem Sohn eines Uhrmacher-Visiteurs ein Studium ermöglicht. Deshalb sah er sich dem Kanton gegenüber in der Pflicht. Motivierender dürfte aber seine kulturpolitische Vision gewesen sein: Er wollte die Kulturgeschichte des Landkantons aufarbeiten und bekannt machen. Ihm schwebte ein im Wortsinn selbstbewusstes Baselbiet vor. Es sollte der Stadt gegenüber nicht wie ein armes ‹Büebli› mit abgesägten Hosen dastehen und sich schämen müssen. In diesem Sinn war Paul Suter ein Befürworter eines wiedervereinigten Basels. In den 1930er-Jahren setzte er sich noch aktiv dafür ein, später eher im Stillen.

68

Die meiste Zeit seines Lebens wirkte Paul Suter im Hinterzimmer des Museums. Seit 1937 sass er in der ‹Kommission betr. Erhaltung von Altertümern›, der Vorläuferorganisation der Kantonsarchäologie; später rief er verschiedene heimatkundliche Publikationsreihen mit wissenschaftlichem Anspruch ins Leben. Daneben engagierte er sich in vielen schulischen Gremien. Erst 1961 wurde er als Konservator direkt im Museum tätig. Wie seine Vorgänger tat er dies im Nebenamt, ergänzend zu seinem Hauptberuf als Lehrer. Im Frühling 1970 trat er die Leitung altershalber ab – an einen hauptamtlichen Konservator.

«Pssst, Papa arbeitet.» Oft fielen diese Worte, abends, am Wochenende, jahrelang. Wenn sich Peter Suter an seinen Vater erinnert, klingt Stolz mit. Und Bedauern.

Das Skelett im Kaffeezimmer

Von der professionellen Lust am Konservieren

Wie rettet man Dinge vor dem Zerfall? Auch im basellandschaftlichen Museum wollte dies erst mal gelernt sein. Und manchmal war guter Rat teuer.

Kurt Hunziker stellt die Tasse ab und nickt. «Mit der Zeit gewöhnte man sich daran», meint er. «Und ich habe in meinem Berufsleben ja schon einige menschliche Überreste zu Gesicht bekommen.» So habe er allmählich, wenn er mit dem Museumsteam Kaffeepause machte, ganz vergessen, dass hinter ihm ein Pfarrer im Gestell lag. Beziehungsweise das, was vom Pfarrer übrig geblieben war: Knochen, Erde, Gewebe.

Angefangen hatte alles 1979. In einer Baselbieter Ortschaft musste die Kirche renoviert werden, und wie üblich nahm die Kantonsarchäologie zunächst das Kircheninnere unter die Lupe. Bei den Grabungen entdeckten die Archäologen

eidenschaft?

verschiedene Bestattungen. Im jüngsten Grab von 1813, bezeugte eine Sandsteintafel, lag ein ehemaliger Pfarrer. Viel war nicht mehr zu erkennen: Sargbretter, Knochen, Reste von grünlichen Textilien. War das ein Leichentuch, oder hatte man den Pfarrer in seinem Talar bestattet? Und was bedeutete das auf der Stirne zur Schlaufe gebundene Seidenband? Der Fund schien eine genauere Untersuchung wert. Also fertigte Museumstechniker Kurt Hunziker ein spezielles Transportblech an. Die gesamte Bestattung, Knochen mitsamt Sargboden, Erde und Tuchresten, wurde sorgfältig geborgen und ins Labor nach Liestal transportiert.

Dieses Labor war 1979 nicht viel mehr als der ausgebaute Dachboden des Regierungsgebäudes. Er enthielt vor allem Schleif- und Hobelmaschinen. Im Keller standen der Röntgenapparat, die Sandstrahl- und Kompressoranlage. Eng war es, niedrig, ungeheizt und ungelüftet. Platz galt im ganzen Haus als Mangelware, und das Museum war ja nur zu Gast im Regierungsgebäude. So diente der Nebenraum des Labors auch als Kaffeeraum für das Museumsteam. Dort warteten die Grabreste – mit Formalin übersprüht, um Schimmelbefall zu verhüten – auf eine konservatorische Behandlung. Doch der Zustand der pfarrherrlichen Gewänder erwies sich als derart schlecht, dass weder in Basel noch anderswo guter Rat zu finden war. So blieben die Reste der Bestattung im Gestell liegen. Ein Leichentuch oder gar ein Talar aus dem 19. Jahrhundert wäre zwar ungewöhnlich gewesen, aber nicht sensationell. Deshalb verzichtete man letztlich auf risikoreiche Experimente zur konservatorischen Rettung. Der Pfarrer wurde umgebettet und fand erneut seine Ruhe.

Unmöglich wäre die Rettung der Textilreste wohl nicht gewesen. Kurt Hunziker war Speziallösungen gewohnt, Improvisieren und Experimentieren gehörte zu seinem Alltag. Das heutige Konservierungslabor mit seinen Fachleuten hatte einst als Einmann-Bastelbetrieb begonnen. Hunziker war ursprünglich Hauswart im Regierungsgebäude gewesen. Auf

Anfrage des damaligen Museumsleiters Paul Suter hatte der gelernte Schreiner in den 1960er-Jahren begonnen, volkskundliche Holzobjekte zu reinigen und zu reparieren. Dann widmete er sich der Restaurierung metallener Gegenstände. Im renommierten Römisch-Germanischen Zentralmuseum in Mainz absolvierte er eine Weiterbildung zum Restaurator und an der Technischen Fachschule Winterthur eine Röntgenausbildung. 1970 wurde er zum technischen Angestellten befördert. Und ab 1975 unterstützte ihn ein zweiter Angestellter, der heutige Laborleiter Roland Leuenberger, bei der Instandhaltung der Museumssammlungen.

Anders wäre es auch gar nicht gegangen. Restaurator wurde man damals durch Learning by Doing und durch Weiterbildung. Ein schweizerischer Studiengang entstand erst 1981. Gefragt waren Fantasie und Netzwerke – aber auch Maschinen und Kunststoffe. Das Konservierungslabor wurde unter der Führung von Jürg Ewald (1970 bis 1998 Museumsleiter) gezielt ausgebaut und verfügte bald über Apparaturen, von denen manch andere Museumswerkstätten nur träumen konnten. Ein Team von Freiwilligen, Chemikern aus der Basler Industrie mit Wohnsitz in Baselland, brachte zusätzliches Know-how ein. Die Mitarbeitenden des Museumslabors nahmen an Weiterbildungsveranstaltungen teil; rege wurden Erfahrungen ausgetauscht, Experimente besprochen. 1981 zählte das Konservierungslabor zu den wichtigsten in der Schweiz. Es diente als Vorbild für andere Labors, beeinflusste den entstehenden Studiengang ‹Restaurator Fachbereich Archäologie› entscheidend mit und bot Studierenden Praktikumsplätze an.

Heute liesse sich das Rätsel um die Leichenkleider des Pfarrers vielleicht lösen, sinniert Kurt Hunziker vor seiner Kaffeetasse. Schliesslich habe sich die Restaurierungstechnik in den letzten Jahrzehnten weiterentwickelt. Basteln sei nicht mehr nötig. Aber ohne Lust am Ausprobieren, ohne Entdeckungsfreude und Kreativität gehe es auch heute nicht.

Morgen früh um sieben

Während Generationen war Museumsarbeit praktisch Chefsache.
Es gab ja auch fast keine Angestellten.

Man schreibt den 1. Dezember 1998. Im Parterresaal des Museums sitzen die Geladenen dicht gedrängt. Schliesslich geht nicht alle Tage ein Chefbeamter nach dreissig Jahren in Pension, so wie heute Abend Museumsleiter Jürg Ewald. Auch Doris Vogel lauscht amüsiert den Worten ihres Chefs. Ja, früher, denkt die Sekretärin bei sich, früher war vieles unkomplizierter. Wer erlebt seinen ersten Arbeitstag heute noch so wie damals Ewald? «Als ich am 1. August 1968 frischgebacken mein Amt antreten sollte», erzählt er den Gästen gerade, «telefonierte ich am Vorabend meinem Vorgesetzten, Dr. Paul Suter, dem neben- und ehrenamtlichen Konservator des Kantonsmuseums: Ich müsse laut Beamtengesetz um 07.15 Uhr meine Arbeit aufnehmen, und was ich denn zu tun hätte. ‹So früh?›, meinte er, und beorderte mich zu ihm nach Hause. Dort eröffnete er mir, ich solle zunächst ein Kassabuch kaufen und meine Ausgaben künftig dort eintragen.»

Diese Geschichte kennt Doris Vogel schon. Das erinnert sie an ihre eigene Anfangszeit im Museum. 1973 war das. Die Museumsverwaltung befand sich seit Kurzem nicht mehr bei den Ausstellungsräumen im Regierungsgebäude, sondern an der Mühlegasse. Jürg Ewald war zu dieser Zeit bereits zum ersten hauptamtlichen Leiter von Museum und Archäologie befördert worden. Bloss vier Personen waren damals für das Museum zuständig: Leiter Jürg Ewald, Techniker Kurt Hunziker, Sekräterin Doris Vogel und Mitarbeiterin Therese Mader.

Am Rednerpult vorne lässt Jürg Ewald seine Dienstjahre Revue passieren. Und im Saal taucht Doris Vogel in ihre eigenen Erinnerungen ab. Über-

schaubar war der Betrieb, Museum und Archäologie wurden in Personal-
union verwaltet. Als Sekretärin war sie für alles zuständig, was nicht
Chefsache war. Es galt, Briefe zu schreiben, Rechnungen zu kontrollieren,
Buchmanuskripte abzutippen. Und natürlich war das Sekretariat die erste
Anlaufstelle für Besucherinnen und Anfragen. Alles andere lief über den
Chef, der seine Entscheide mit den Mitarbeitenden absprach. Wie hat es
doch kürzlich eine der frühen Mitarbeiterinnen formuliert: Er war der
Patron. Er liess die Mitarbeitenden machen und eigene Ideen einbringen.
Gab es Probleme, stand er hin und suchte einen Weg. Er kannte die poli-
tische Landschaft und den Verwaltungsbetrieb, die vielen ‹Kässeli› und
Budgets. Umgekehrt aber lief auch nichts ohne ihn. Das war nicht nur eine
Frage des persönlichen Engagements, sondern in den damaligen Verwal-
tungsstrukturen kaum anders denkbar.

Auf der Leinwand hinter dem Redner erscheint unterdessen ein Organi-
gramm. Auf mehrere Dutzend Mitarbeitende sei die ganze ‹Dienststelle
Museum und Archäologie› mittlerweile angewachsen, erklärt Jürg Ewald.
Unwillkürlich nickt Doris Vogel. Ja, mit dem neuen Gebäude erhielten wir
in den 1980er-Jahren mehr Mitarbeitende, denkt sie. Plötzlich waren wir
eine ganze Truppe junger Leute. Viele hatten mit Jahresverträgen angefangen, anlässlich von Ausstellungen oder museumspädagogischen Pro-
jekten, und wuchsen dann in ihre Arbeit hinein. Erst seit den 1990er-Jah-
ren gibt es spezifischere Aufgabenbereiche: Sammlungsverantwortliche,
Öffentlichkeitsarbeit, Ausstellungskoordinatorin … Wer weiss heute
noch, wie am Anfang alle alles machten? Da stand auch Jürg Ewald kurz
vor einer Ausstellungsvernissage manchmal noch auf der Leiter, mit Nä-
geln im Mund und dem Hammer in der Faust.

Lautes Gelächter reisst Doris Vogel aus ihren Gedanken. Soeben hat Ewalds
Nachfolgerin, Pascale Meyer (1999 bis 2002 im Amt), ihren früheren
Chef unter Denkmalschutz gestellt. Zusammen mit der kantonalen Denkmalpflegerin

eidenschaft?

überreicht sie ihm die angeblich amtliche Urkunde. Diesen Scherz verstehen alle im Publikum: Hier wird eine Epoche verabschiedet. Eine junge Frau übernimmt
ein Amt, das bislang ausschliesslich Männern vorbehalten war. Das wird
man spüren, dessen ist sich Doris Vogel sicher. Schon in den letzten Jahren
hat sich der Führungsstil zu ändern begonnen. Aus den monatlichen Zu-
sammenkünften ist die wöchentliche Dienstagsrunde aller Museumsmitarbeitenden geworden.
Unter lautem Applaus tritt Jürg Ewald von der Bühne ab. Als Doris Vogel
sich ihren Weg zum Buffet bahnt, muss sie plötzlich schmunzeln. Ja, früher, da waren auch die Feste noch anders. Weihnachten feierten wir bei
mir im Sekretariat, im Dachgeschoss, erinnert sie sich. Und wer hat wohl
zu Hause vorgekocht und am Tag danach abgewaschen? Auch hier haben
sich die Zeiten geändert.

Warum die Schweizer National-mannschaft die Europameister-schaft 2008 nicht gewinnen wird

Ein Gespräch zum Thema ‹Leidenschaft› zwischen Martin Brechbühl, Geschäftsführer der Non-Profit-Organisation ‹Kiebitz›, die Beratung und Coaching für Unternehmen, Verwaltungen und Privatkunden bei betrieblichen Veränderungen anbietet, und der freischaffenden Choreografin, Tänzerin und bildenden Künstlerin Cornelia Huber.

Cornelia Huber: Leidenschaft spielt als Antrieb für viele Tätigkeiten eine wichtige Rolle. Wie verbinden Sie Arbeitsalltag und Leidenschaft?

Martin Brechbühl: Ohne Leidenschaft ist die tägliche Arbeit undenkbar. Ich verstehe Leidenschaft in erster Linie als eine Grundhaltung, die in allen Fachgebieten und Arbeitssituationen zum Tragen kommen kann: Geld-Ansammeln kann eine Leidenschaft sein, selbst Akkordarbeit kann leidenschaftlich betrieben werden. Auch die Durchführung eines wöchentlichen Teamlunchs, wie es ihn bei ‹Kiebitz› gibt, ist für mich ein Beispiel leidenschaftlichen Einsatzes.

CH: Für mich bedeutet Leidenschaft in erster Linie die innige Beziehung zu einem ganz spezifischen Thema oder Gebiet, für das ich lebe und mitunter auch leide, für das ich auch bereit bin, anderes zu opfern. Leidenschaft ist für mich die Äusserung einer Hingabe an eine Sache an und für sich, unabhängig von deren Rendite oder gesellschaftlicher Wertung.

MB: Vielleicht könnte man von einer allgemeinen Leidenschaft im Tun an sich und einer spezifischeren Leidenschaft sprechen, die sich auf ganz bestimmte, individuell definierte Ziele bezieht. Diese Unterscheidung und den Begriff der Leidenschaft möchte ich jedoch nicht werten. Wenn doch, dann kann man Leidenschaft nur bis zu jener Grenze als etwas Positives bezeichnen, an der sie sich zur Besessenheit wandelt, zum blinden Fanatismus.

CH: Ist denn Leidenschaft eine Ausgangslage für die Berufsfindung?

MB: Ich denke schon. Aber es kommt immer auf die realistische Balance an. Wenn jemand von seiner Leidenschaft erzählt, versuche ich in der Beratung ein Gleichgewicht zwischen der leidenschaftlich verrichteten Tätigkeit, deren abschätzbaren Entlöhnung und allenfalls einem Nebeneinkommen zu finden. Nicht allen gelingt es, ihre Leidenschaft zum Beruf zu machen. Sie kann aber auch über eine privat gelebte Tätigkeit den Brotberuf positiv beeinflussen.

CH: Verhindern Institutionen und Anstellungsverhältnisse die Leidenschaft?

MB: Nein, das kann man so generell nicht behaupten. Es kommt doch darauf an, ob und wie ein Angestellter die Wirkung seiner Leistung erlebt; ob er sie als geschätzten Mehrwert seines Einsatzes oder nur als abgesessene Zeit wahrnimmt. Leidenschaft wird dann verhindert, wenn der persönliche, leidenschaftliche Arbeitsbeitrag vom Vorgesetzten in seinem Wert für das Unternehmen nicht gespiegelt wird. Der nachvollziehbare Zusammenhang zwischen der eigenen Leistung und deren gespiegelter Wirkung ist die Basis für die Motivation bei der Arbeit. Diese menschliche Anerkennung kann weder durch Geld noch durch Statistiken ersetzt werden.

CH: Letztlich entscheidet also die Philosophie einer Institution, ob Leidenschaft gefördert oder verhindert wird. Bewegt man sich innerhalb von Strukturen, die hauptsächlich auf knallhartem Kalkül, auf Effizienz oder quantitativem Mehrwert beruhen, wird die qualitative Kraft einer Leidenschaft meist entweder ausgenutzt oder verkümmert im Meer nüchterner Sachfragen. Gerade die auf spezifische Ziele hin ausgerichtete Leidenschaft ist doch nur schwer mit den normierten, meist gewinnorientierten Rahmenbedingungen von Institutionen und Anstellungsverhältnissen zu vereinbaren. Das Entscheidende einer Leidenschaft ist für mich, dass ich mich über die Grenzen einer pragmatischen Arbeitseinstellung hinaus für eine Sache einsetze, weil ich an sie glaube, weil sie mir Freude macht und weil ich überzeugt bin, dass dies

auch für andere spürbar wird. Selbst wenn sich damit nie das ‹grosse Geld› machen lässt. Es handelt sich um eine qualitative und nicht um eine quantitative Befriedigung, die ich durch diese Leidenschaft erfahre. Ich identifiziere mich mit der entsprechenden Tätigkeit. Dies ist auf Dauer jedoch nur lebbar, wenn sich das ganze Team nach diesen Grundsätzen richtet. Ansonsten stellen sich Missverhältnisse und Unzufriedenheiten ein.

MB: Wenn sich zum Beispiel nicht die meisten Mitarbeitenden bei dem erwähnten Teamlunch aktiv beteiligen würden, könnten wir diesen auf die Dauer nicht durchführen.

CH: Würden Sie denn der Behauptung zustimmen, dass Leidenschaft viel mit Selbstverwirklichung zu tun hat?

MB: Ja, gelebte Leidenschaft geht wohl immer bis zu einem gewissen Grade mit Selbstverwirklichung einher.

CH: Das denke ich auch. Denn ich verstehe Selbstverwirklichung als Verwirklichung der in der eigenen Person angelegten Möglichkeiten, die dadurch als Potenzial für andere zugänglich oder fruchtbar gemacht werden können. Die einer Leidenschaft zugrunde liegende Sensibilität oder Begeisterung für eine Sache ist in meinen Augen im subjektiven Erleben und Empfinden, also im Selbst angesiedelt. Deshalb verstehe ich Selbstverwirklichung als Umsetzung dieser im Selbst angelegten Leidenschaft beispielsweise für Tiere, für alte Objekte, für den Tanz oder für was auch immer. Mir scheint, dass

Selbstverwirklichung auf jenem starken Bezug zu einem Thema oder einer Sache beruht, der die notwendigen Kräfte freisetzt, um etwas selbst unter widrigsten Umständen in Angriff nehmen zu können.

MB: Das mag sein. Aber diese grosse, glühende Leidenschaft taugt wohl nicht für das ganze Leben. Ich war in meiner Jugend Zirkusartist und kenne das Leben und Leiden für eine Sache. Für mich gibt es drei Gründe, die von einer das Leben bestimmenden Leidenschaft weg und zu einer allgemeineren oder angepassteren Leidenschaft hinführen: Erfolg, Erfolglosigkeit und die Hinwendung zu einer anderen Sache. Erfolg, weil Ruhm und Geld die Notwendigkeit einer Leidenschaft gleichsam zunichte machen. Erfolglosigkeit, weil kaum jemand sein Leben lang einer nicht honorierten Leidenschaft wegen auf Luftmatratzen oder in unbeheizten Wohnungen verbringen mag. Hinwendung zu einer anderen Sache, weil das Interesse schwindet oder weil man vielleicht merkt, dass das Talent fehlt, um weiter zu kommen.

CH: Diese Überlegungen leuchten mir ein; aber ich bin trotzdem überzeugt, dass Leidenschaft, wenn sie konstruktiv genutzt wird, sehr wohl eine tragende Basis für ein Leben bilden kann. Dies bedingt jedoch in meinen Augen eine gewisse Unabhängigkeit in Bezug auf äussere Massstäbe und Bewertungskriterien. Ein ‹Gehalten-Sein› durch die eigene Haltung und ein unabhängiges Denken sind für die längerfristige Umsetzung und Entwicklung einer Leidenschaft

wohl unabdingbar. Was den Erfolg anbelangt, stellt sich die Frage, wie dieser definiert wird.

MB: Eigentlich ist Erfolg ja relativ; er kann nicht nur als kommerzieller Erfolg verstanden werden, und Erfolglosigkeit nicht nur als kommerzielle Erfolglosigkeit. Eine ‹Erfolgsgeschichte› kann auch ganz persönlich sein, ohne dass sie sich in äusseren Meriten niederzuschlagen braucht. Ich glaube auch, dass eine selbstgewählte Situation – zum Beispiel ein Leben in einfachen Verhältnissen – ganz anders zu verstehen und zu erleben ist, als wenn sie aus einem Zwang heraus entstanden ist.

CH: Nicht alle einschänkenden Situationen müssen negativ eingestuft werden. Ein Zwang kann Leidenschaft insofern fördern, als dieser immer eine bestimmte Auseinandersetzung initiiert, die sonst vielleicht nicht stattfinden würde – und im besten Fall eine Leidenschaft auslöst. Wer alles hat, wer alles geschenkt kriegt, muss nicht nach kreativen Lösungen suchen, muss sich weniger reiben an Möglichkeiten, die der eigenen Person und der Umwelt innewohnen. Ihm bieten sich somit weniger Chancen, überhaupt so starke Bindungen zu einer Sache aufzubauen, die zu einer Leidenschaft führen könnten.

MB: Am Beispiel der Schweizer Fussball-Nationalmannschaft kann man wunderbar illustrieren, wie Wohlstand die Leidenschaft zum Erlahmen bringen kann. Diese Mannschaft wird die Europameisterschaft 2008 unter keinen Umständen gewinnen, weil die Spieler im Allgemeinen viel zu ‹satt› und somit träge im über-

tragenen Sinn sind. Es besteht viel zu wenig
‹Zwang› zum Siegen. Die Leidenschaft der Spieler, ihr inneres Feuer und die Bereitschaft, alles
für den Sieg zu geben, wird durch den Wohl-
standspegel in der Schweiz massiv geschwächt.
Die durchschnittlichen Preisgelder und Boni
sind derart hoch, dass schlicht zu wenig Anreiz
für einen überdurchschnittlichen Einsatz besteht.

CH: Da bin ich aber gespannt, welche Mannschaft so viel Leidenschaft aufbringen wird, um
die Europameisterschaft 2008 zu gewinnen,
wenn man denn Leidenschaft mit hohem Einsatz
in Zusammenhang bringen will …

BIOTOPE STATT S
ZUM WANDEL VON AUSSTELLUN

Museen sind Moden unterworfen – Ausstellungen sind schliesslich
immer auch Ausdruck aktueller Fragen. Lange als Wunderkammer
und Schulzimmer gleichermassen genutzt, ist das Museum heute eher
sinnlicher Erlebnisort. Welche Fragen und Vorstellungen steckten
hinter den Ausstellungen, und was liess sich trotzdem nicht ausstellen?

Finden Ausstellungsbesuche künftig nur noch im Cyberspace statt?
Gewinnt das reale Objekt im digitalen Zeitalter wieder an Bedeutung?
Wer gibt die Ausstellungsthemen vor, der Markt oder das Museum?

CHUBLADEN?

GSFORMEN UND -THEMEN

LABOR, SCHMID

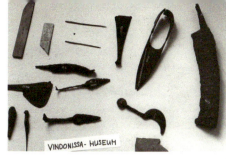

VINDONISSA- MUSEUM

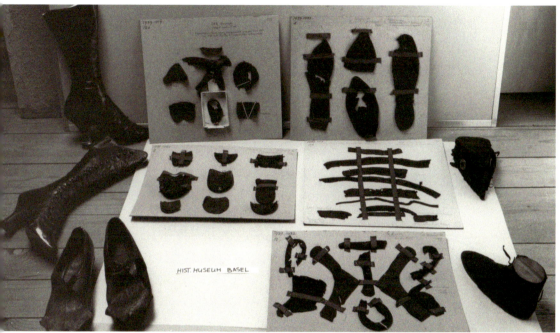

HIST. MUSEUM BASEL

LABOR, SCHMID

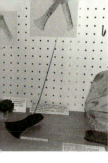

NATUR LIVE

FÜHRUNGEN DRAUSSEN UND DRINNEN

Früher waren sie Nachbarn: Naturliebe und Naturwissenschaft, Natur im Wald und in der Vitrine. Weil die Museumsleute studierte Lehrer waren – und umgekehrt.

Karl Strübin hatte eine beneidenswerte Jugend. «Unter der Pflege meiner
   lieben Eltern Samuel und Marie Strübin wuchs ich als froher Knabe heran.
   Mein Vater, der mit der Natur in innigem Verhältnis lebte und dem der
   schöne Wald das höchste war, glaubte, dass die Erziehung des jungen
   Knaben in der Freiheit nachhaltiger wirke als der Besuch der Kleinkinder-
   schule. Frei, wie der Vogel im Walde, zog ich an der Seite meines Vaters
   hin durch grüne Felder und bunte Auen. Besondere Freude wurde mir
   zuteil, wenn ich auf dem vom Wald umkränzten Bauernhof Sichtern süsse Feldfrüchte erhielt, oder wenn mich der Bauer auf einen seiner Acker-
   gäule setzte; – aber nicht nur Freuden der Sinnlichkeit wurden mir gebo-
   ten. Mein Vater hielt früh darauf, meine geistigen Fähigkeiten auszubilden.
   Jede Pflanze am Wege musste ich mitnehmen, deren Name er mir natürlich vorsagte.»
So eindrücklich erlebte der 1876 in Liestal geborene Förstersohn die Natur.
   Und offenbar so nachhaltig, dass er ihr treu blieb. Nach seinem Studium
   der Naturwissenschaften arbeitete Strübin als Lehrer in Pratteln und
   Liestal. Daneben forschte und publizierte er über geologische Besonder-
   heiten seiner näheren Umgebung. Auch er war ein freiwilliger Mitarbeiter
   des Museums, dem er seit seiner Studienzeit Funde vermachte: Versteinerungen oder so genannte ‹Altertümer›, Steinbeile und Objekte aus rö-
   mischer Zeit.
Diese Kombination von Gelehrsamkeit, Pädagogik und Naturliebe war nicht
   einzigartig. Sie zeichnete eine ganze Gruppe von Männern aus, die seit dem ausgehenden

19. Jahrhundert in Liestal aktiv war. Karl Strübin war einer von etlichen begeisterten Jüng-lingen, die 1885 der ‹Natura Liestal› beitraten. Aus dieser losen Bewegung ging 1900 die ‹Naturforschende Gesellschaft Baselland› hervor. Strübin gehörte dem Vorstand an, schrieb Protokolle, hielt Vorträge und führte Demonstrationen vor. Gleichzeitig lehrte er die Bezirksschüler, die Ge-setze der Natur zu verstehen. Und natürlich verbrachte er einen grossen Teil seiner Freizeit draussen, in der geliebten Natur. Hätte nicht ein lang-jähriges Nierenleiden 1916 zu seinem frühen Tod geführt, Strübin hätte sich wohl noch enger mit dem Museum verbunden. Dessen Leiter Franz Leuthardt (1890 bis 1934 im Amt) kannte er ja aus der ‹Natura› und aus dem Lehrerzimmer der Bezirksschule bestens.

Karl Strübin, Franz Leuthardt, Ernst Rolle, Walter Schmassmann – all die-se Lehrer waren gleichzeitig Forscher, Museumshelfer und Naturfreunde. Sie führten ganzen Generationen von Heranwachsenden vor, wie man Natur verschieden erleben kann: draussen «süsse Feldfrüchte» kosten (wie in Strübins Jugenderinnerungen) und im Museum die toten Objekte anhand ihrer lateinischen Namensetiketten identifizieren. Sie übernah-men die didaktische Vermittlung zwischen lebendiger und konservierter Natur, die in den Ausstellungen selbst kaum angelegt war. Denn der Mu-seumsbesuch glich einer Schulstunde – nicht nur, weil ein Grossteil der Besucher aus Schulklassen bestand und die Museumsleiter alle Naturkun-delehrer waren.

Bis in die Nachkriegszeit des 20. Jahrhunderts war das Museum kein Ort, wo man durch die Räume spazierte, um sich zu unterhalten. Es funktio-nierte im Grunde wie eine öffentliche Studiensammlung: Forschende fanden hier ihre Vergleichsstücke, und Bildungswilligen wurde Naturge-schichte an den Objekten selbst vorgeführt. Es gab viel zu sehen, aber noch viel mehr zu erklären. Vor seinem Umzug an den heutigen Standort befand sich das Museum über hundert Jahre lang in den immer gleichen, engen, dunklen Räumen des Regierungsgebäudes. An den Wänden der Ausstellungssäle standen Vitrinen, in denen zum Beispiel Teile der Sammlung ausgestopfter Vögel präsentiert wurden. Darüber war die zimmerlange Zeichnung des geologischen Juraprofils angebracht. Und in der Raummitte befanden sich brusthohe Schubladenschränke, in denen geologische Objekte, systematisch gegliedert, aufbewahrt wurden. Nur dank der führenden Hand eines Lehrers wurde Natur live erlebbar – drinnen wie draussen.

I HAD A DREAM

ALTE UND NEUE PLÄNE FÜR EINEN MUSEUMSBAU

Ein halbes Jahrhundert dauerte die Suche nach einem neuen Museumsgebäude. Zum Glück – denn als die Hülle feststand, war auch die Zeit reif für neue Ausstellungen.

Museumsleiter Walter Schmassmann (1935 bis 1961 im Amt) hatte einen Traum: Er sass im ‹Säli› des Hotels ‹Engel› in Liestal, vor ihm gut zwei Dutzend Männer von Rang und Namen. Sie repräsentierten die massgebenden Kreise im Kanton, von der Ärztegesellschaft über den Landrat bis zum Vogelschutzverband. Alle Redner betonten, jetzt müsse endlich etwas geschehen. Am Schluss stand auch der zuständige Regierungsrat auf und rief: «Meine Herren! Schaffen wir gemeinsam ein neues Haus für unser Museum!» Und unter tosendem Applaus marschierte die Versammlung aus dem Saal und durch die Altstadt hinunter zum alten Zeughaus und zum neuen Museum …

Ein Tagträumer war Walter Schmassmann freilich nicht. Kaum hatte er 1935 das Amt des Museumsleiters angetreten, mobilisierte er alle Kräfte, um den unhaltbaren

Platzmangel im Museum zu beheben. Im Regierungsgebäude, dem bisherigen Standort, war kein Zimmerchen mehr frei: Ein anderes Gebäude musste her. Die Versammlung, von der er geträumt hatte, fand tatsächlich statt: Es war die Gründungsversammlung der ‹Basellandschaftlichen Museumsgesellschaft› vom 24. April 1937. Die Gesellschaft wurde in der Folge zur unermüdlichen Lobby für einen Museumsbau. Gemeinsam mit ihrem Präsidenten Leo Zehntner nahm Walter Schmassmann Gebäude und Bauplätze unter die Lupe. Sie erstellten Raumprogramme, führten Kaufverhandlungen, suchten Geld. Kein einfaches Vorhaben, kurz nach der Wirtschaftskrise und kurz vor dem Zweiten Weltkrieg.

Was stand da nicht alles zur Auswahl! «Was liegt näher, als das Museum in das ehrwürdige Schloss Pratteln zu verlegen?», fragte 1938 ein Zeitungsartikel. Und nach dem Krieg: Warum nicht beim Gestadeck in Liestal den Bohnyhügel kaufen? Diese Idee von 1946 wurde ein Jahr später ergänzt durch den Vorschlag, das Berri'sche Gut umzunutzen, oder das alte Zeughaus, das bald leer stehen werde. Oder vielleicht erhalte man Räumlichkeiten im geplanten Verwaltungsgebäude? 1950 überprüfte man Schloss Ebenrain in Sissach. 1956 erwog die ‹Museumsgesellschaft› Projekte am Schwieriweg, in der Allee und im Floragarten in Liestal – und im Bottminger Schloss. Doch alle Anläufe (zum Teil gab es schon detaillierte Baupläne) scheiterten. Mal lag es am Verkaufswillen, mal am Grundriss, mal am Geld. Der Baufonds der Museumsgesellschaft wuchs zwar beständig, denn jährlich überwies der kantonale Lotteriefonds 10 000 Franken. Dennoch blieb es beim Abwarten. Im Nachkriegs-Baselland wurde die Infrastruktur dem Wachstum nur zögerlich angepasst. Was Walter Schmassmann in seinen Träumen wohl für einen Bau entworfen haben könnte? Die Neubau- und Umnutzungspläne, die Liestaler Architekturbüros im Auftrag der Museumsgesellschaft ausarbeiteten, waren recht unterschiedlich. So schlugen die Architekten Bohny und

Otto 1954 einen modern wirkenden Bau in der Allee vor. Ähnliche Züge wies das Projekt von Max Tüller beim Floragarten oberhalb der Kantonalbank auf. Derselbe Architekt hatte wenige Jahre zuvor einen sehr traditionellen Umbauplan für ein bestehendes Gebäude vorgelegt. Schmassmanns Vision, die ihn seine gesamte Amtszeit begleitete, war dynamisch und konservativ zugleich: Sie galt nicht der Erneuerung der Ausstellungsformen, sondern der Vergrösserung des Museumsgebäudes.

Als Walter Schmassmann 1971 starb, befand sich das Museum immer noch versteckt in den Obergeschossen des Regierungsgebäudes. Wenige Jahre später jedoch erfüllte sich sein Traum, zumindest teilweise. Dank der von ihm initiierten ‹Museumsgesellschaft› präsentierte sich das Museum 1982 stolz in einem neuen Gebäude, dem umgebauten ehemaligen Zeughaus. Diesen Standort hatte Schmassmann bereits in den 1940er-Jahren vorgeschlagen und sogar Planskizzen dazu ausarbeiten lassen. Doch dass dort einst nicht nur zahlreichere und vollständigere Sammlungen, sondern sogar ganze Lebenswelten ausgestellt werden würden, daran hätte er nicht einmal im Traum gedacht.

HEIKLE BILDER

WENN EINE AUSSTELLUNG ZU BRISANT WIRD

Das wäre heute nicht mehr denkbar: Eine Behörde zensierte eine Ausstellung. Weil das Gezeigte nicht selbsterklärend war.

Alles wäre bereit gewesen. Die Ausstellungsräume im eben erst angekauften Staatsgut Schloss Ebenrain, die Bilder aus der kürzlich erworbenen Sammlung, die erläuternden Kommentare aus der Feder Otto Rebmanns. Doch dann musste sich Museumskonservator Walter Schmassmann (1935 bis 1961 im

93

Amt) an die Schreibmaschine setzen und mitteilen: «Nachdem im Basler Grossen Rat
über die Grundsteuer des neuen basellandschaftlichen Steuergesetzes
etwas unfreundliche Worte gefallen sind, hat man es an massgebender
Stelle als zweckmässig erachtet, die Ausstellung der historischen Bilder
aus der Entstehungsgeschichte unseres Halbkantons vorläufig nicht durchzuführen.» Die neue Grundsteuer traf die Stadt Basel, die grosse Land-
stücke im Nachbarkanton besass, empfindlich. Kein Wunder, fielen da
unfreundliche Worte. Doch was hatte das mit der geplanten Bilderaus-
stellung zu tun?

Man schrieb das Jahr 1952, und die Basler Kantonstrennung war inzwischen hundertzwanzig Jahre her. Dennoch wurde sie wieder zum Stol-
perstein – zumindest für die verantwortlichen Baselbieter Regierungsräte,
die die Ausstellung verhinderten. Es war ja auch eine besondere Bildersammlung. Sie bestand aus Karikaturen, die die Ereignisse rings um die
Basler Kantonstrennung der 1830er-Jahre satirisch, aber auch polemisch
darstellten. Wer kennt nicht das berühmte Bild von Ludwig Adam Kel-
terborn, auf dem der Zeichner einen gefrässigen Landschäftler Bauern
abbildet, der sich den grösseren Teil vom Kantons-Kuchen abschneidet
– und ihm gegenüber einen hilflosen Städter mit schartig gewordenem
Messer, der sich mit dem Stadtzipfel begnügen muss?

Dass man 1952 gerade solche Bilder nicht zeigen wollte, ist auf den ersten Blick nachvollziehbar – Stichwort ‹gefrässige Bauern›. Konservator
Schmassmann wusste um die potenzielle Sprengkraft, die in diesen historischen Propagandabildern steckte. Doch musste man sie deshalb nicht
erst recht ausstellen, erläutern und kommentieren? Denn schon ein zweiter Blick hätte viel geholfen. Die geplante Ausstellung beruhte auf einer
ehemals baslerischen Sammlung. Der Kunsthistoriker Daniel Burckhardt-
Werthemann hatte sie teils von seinen Vorfahren geerbt, teils selber zu-
sammengekauft. Die Sammlung umfasste Spottbilder und Heldenbilder

94

beider ehemaligen Kriegsparteien. Sowohl der Besitzer wie dessen Vorfahren, die einzelne Karikaturen noch selbst in Auftrag gegeben hatten,
verfolgten mit ihrer Sammlung keine politischen Zwecke. Diese wider-
spiegelte vielmehr als Ganzes die Besorgnis und Unsicherheit jener Jahr-
zehnte.

Das war aber wohl den wenigsten Betrachtern bewusst. Bis weit ins 20. Jahrhundert hinein hingen diese Grafiken unkommentiert in behördlichen
wie privaten Baselbieter Stuben. Ihr spöttischer Charakter war leicht er-
kennbar; kaum jemand machte sich jedoch die Mühe, das Abgebildete
genauer zu befragen. Was einst als satirisch überhöhtes Zerrbild der Zeit-
umstände angefertigt worden war, das Duell zwischen Bauer und Herr,
verkam in der Überlieferung zum hartnäckig reproduzierten Stadt-Land-
Klischee. Dabei sind etliche dieser Karikaturen vieldeutig und für die
Nachwelt nur schwer verständlich. Auf den Blättern wimmelt es von An-
spielungen auf Ereignisse und Personen in Form von symbolischen oder
allegorischen Figuren. Schon Otto Rebmann hielt 1952 fest, die Absichten
der Zeichner und Maler seien nicht immer schlüssig zu ergründen. Da
wäre also einiges an Aufklärungsarbeit nötig gewesen – aber auch einiges
an pionierhafter Entmythologisierung. Doch dafür war die Zeit offenbar
noch nicht reif genug. Es sollten noch ein paar Jahre vergehen, bis das
Museum in einem zweiten Anlauf Erfolg hatte. 1954 veröffentlichte zunächst Gertrud Lendorff im ‹Baselbieter Heimatbuch› eine ausführliche
Beschreibung der Sammlung. Vier Jahre später war dann in Liestal eine
Ausstellung mit dem Titel ‹Bilder zur Geschichte des Kantons› zu sehen.

Offen bleibt, auf wen die Baselbieter Regierung 1952 wirklich Rücksicht
nahm. Wollte sie nur Gereiztheiten des städtischen Publikums vorbeu-
gen? Oder galt es auch, Empfindlichkeiten im eigenen Kanton zu schonen?
Denn zu Beginn der 1950er-Jahre stand die umstrittene Frage der Wiedervereinigung der beiden Halbkantone wieder einmal auf der politischen Traktanden-

chubladen?

liste. Vor diesem Hintergrund stellt sich die Frage, ob diese Bilder tatsächlich zu heikel für eine Ausstellung waren, nochmal anders. Ob hier nicht eine Chance verpasst wurde?

ALLES WAS RECHT IST

Solange das Museum eigene Sammlungen ausstellte, war alles einfacher. Schwierig wurde es, als man aktuelle Themen ins Museum holte.

Wäre diese Geschichte nicht wahr, man müsste sie erfinden. Sinnfälliger lässt sich nicht erzählen, wie gross noch am Ende des 20. Jahrhunderts der kleine Unterschied zwischen Frauen und Männern war. Und wie das Museum 1992 einen Quantensprung vollzog, als es diesen Unterschied zur Sprache brachte. Sabine Kubli nahm sich damals zusammen mit Pascale Meyer vor, den langen Weg zur Gleichstellung der Geschlechter im Baselbiet sichtbar zu machen. Dabei mussten die beiden Ausstellungsmacherinnen entdecken, dass gewisse Erinnerungsstücke heikel sind. Besonders eines: Das Objekt der Begierde lagerte unter der Signatur E 27 9362-9374 in einer Schublade des Bundesarchivs in Bern. Es handelte sich um eine Anleitung für Frauen, wie sie Socken für die Soldaten im Aktivdienst stricken sollten, inklusive Sockenmuster. Herkunft: ‹Schweizerischer Frauenhilfsdienst›. Die Ausstellungsmacherinnen hatten einen entsprechenden Hinweis erhalten und fragten nach. Sie rechneten damit, dass es gegen eine Ausleihe konservatorische Bedenken geben könnte. Denn alte Dokumente und Textilien sind sehr lichtempfindlich. Doch zurück kam eine ganz andere abschlägige Antwort: Militärgeheimnis!

96

Natürlich hatten die Bundesbehörden vernünftige Gründe für ihre Absage. Die Socken bargen bestimmt keine militärischen Geheimnisse. Doch wie alle Archivalien unterlagen sie einer rechtlichen Schutzfrist. Und die liess es 1991 offenbar noch nicht zu, dass Zeugnisse aus der Zeit des Zweiten Weltkriegs frei zugänglich gemacht oder ausgeliehen wurden. Dennoch ist der Vorfall typisch für den damaligen Zeitgeist. Frei interpretiert, könnte man übersetzen: Zeitgeschichte bleibt unter Verschluss! Sie ist noch zu aktuell, zu brisant.

Genau diese ausgeblendete Geschichte wollten die beiden Museumsmitarbeiterinnen sichtbar machen. Vermutlich ahnten sie zunächst nicht, wie lang der Weg bis zur Vernissage werden würde. Denn zum einen war das Thema noch weitgehend unerforscht. Es galt also, aktiv Geschichtsforschung zu betreiben. Zum anderen basierte die Ausstellung auf einer Idee und nicht wie gewohnt auf eigenen Museumssammlungen. Einen Schwerpunkt ‹Gleichstellung› gab es nicht in der ‹Kulturhistorischen Sammlung›. Und überhaupt hatte das basellandschaftliche Museum – wie alle anderen Museen – bisher kaum Objekte aus dem 20. Jahrhundert gesammelt. Zu jung war die Epoche, zu neu auch die Idee, statt der Vergangenheit die Gegenwart zu dokumentieren.

Das Strickmuster blieb als unzugängliches Geheimnis in den Berner Schubladen. Stattdessen trieben Pascale Meyer und Sabine Kubli viele andere Gegenstände auf, die an den Kampf der Baselbieter Frauen für ihr Recht erinnern. Sie befragten Zeitzeuginnen, erliessen Aufrufe in den Medien. Und sie arbeiteten mit der 1987 gegründeten ‹Forschungsstelle Baselbieter Geschichte› zusammen. Das Museum wollte nicht bloss archivierte Gewissheiten aus seinen Depots ausstellen, sondern neue Fragen und Sichtweisen auf die jüngste Vergangenheit präsentieren: Oral History respektive mündliche Geschichtsforschung, Geschlechter- statt Männergeschichte, Alltagskultur neben institutioneller Politik.

Die Ausstellung eröffnete 1992 unter dem Titel ‹Alles was Recht ist› und wurde rasch zum Publikumserfolg. Davon zeugen zahlreiche Schreiben und Einträge im Gästebuch. Wie sehr das Thema den Zeitnerv traf, belegen auch andere Reaktionen. Anonyme Schreiben zuhanden der ‹Frauen-EXPO› trafen ein, Äusserungen wie: «Männer haben 1291 die Schweiz gegründet. Männer haben in 700 Jahren die Schweiz zu einem Superstaat gemacht! Jetzt wollen Frauen die Macht. Nun geht es 700 Jahre abwärts mit der Schweiz!» Zum Meilenstein wurde die Ausstellung nicht zuletzt deshalb, weil sie buchstäblich neue Wege ging. Bereits beim Eingang teilte sich der Parcours durch die verwinkelte Ausstellungslandschaft. Männer schritten auf einem roten Teppich direkt zur nachgestellten Fassade des Regierungsgebäudes, Frauen mussten sich auf einen verschlungenen und hindernisreichen Umweg begeben. Wirtshaus und Waschhaus, Schule und Fliessband: Die alltäglichen Lebenswelten von Männern und Frauen konnten, als Papphäuser nachgebaut, frei besichtigt werden. Das abstrakte Thema wurde räumlich und sinnlich begreifbar, als langer Weg zur Gleichstellung eben. Neben die traditionellen Ausstellungsmedien Objekt und Text trat der inszenierte Erlebnisraum. Das fehlende Strickmuster dürfte da kaum jemand vermisst haben.

DIE ZUKUNFT VON AUSSTELLUNGEN IM MUSEUM

Ein Ausstellungsbesuch in einem Museum war vor fünfzig Jahren anders als heute – und wird in zwanzig oder in fünfzig Jahren wieder anders sein. Barbara Alder, Kuratorin am Museum.BL, sprach darüber mit Theoretikern, Gestalterinnen und Ausstellungskuratoren.

Der Ausstellungsbesuch ist heute neben einer Lern- und Bildungserfahrung zunehmend ein Freizeiterlebnis, ein Event und Teil des Tourismusprogramms. Der finanzielle Druck auf die Museen nimmt zu. Neue Medien prägen unseren Alltag, insbesondere denjenigen der jüngeren Generation.

Was bedeutet das für Museumsausstellungen in zwanzig, in fünfzig Jahren? Wird es überhaupt noch Museen geben? Diesen Fragen bin ich in der Fachliteratur, im E-Mail-Austausch und in Gesprächen nachgegangen. Es zeichnen sich Perspektiven ab, die teilweise mit einem Augenzwinkern zu lesen sind. Der vorliegende Text fasst sie zusammen in ‹Konkurrenzsituation und finanzieller Hintergrund›, ‹Rolle der Objekte›, ‹Inhalt der Ausstellungen› und ‹Virtuelles und Reales›.

«Das Museum in zwanzig Jahren: Gar nichts hat sich geändert. Die Kassafrau ist hinter dem Tresen eingeschlafen, und keiner hat gemerkt, dass sie sanft in die ewige Vitrine wechselte. Die Direktorin ist vor kurzem sechzig geworden und schreibt an der zweiten Diss. Und die Techniker beschäftigen sich mit dem Aufstarten der ‹Commodore 64›. Die ersten heimlichen Besucher kichern in der Sammlung. Es ist wirklich schon richtig gut, das Museum. Das Leben vor der Tür schwappt nicht hinein – Ewigkeit wird hier spürbar.

Das Museum in fünfzig Jahren: Gar nichts hat sich geändert. Die Kassafrau ist inzwischen ein wunderschönes Skelett. Die Direktorin ist nach ihrer Pensionierung nicht ersetzt worden und betreut das Museum freiwillig mit ihren neunzig Jahren. Und die Techniker haben das Aufstarten der ‹Commodore 64› endgültig aufgegeben. Die Besucherzahlen sind astronomisch gestiegen, denn eine neue Betriebsstruktur mit einer Grossbank verspricht eine freiwillige Überweisung von hundert Franken pro Besuch auf das Konto. Das Museum wird immer besser. Das Leben vor der Tür schwappt nicht hinein – Ewigkeit kann mit beiden Händen gespürt werden. Das Museum war der letzte Ort der Auseinandersetzung – und die war so heftig, dass dabei alle kurzfristig ums Leben kamen.» (Otto Steiner)

Wird die zukünftige Museumslandschaft dieser Vision entsprechen? Hoffentlich nicht. Doch die

Vision sagt einiges über die Einschätzung der heutigen Museumslandschaft aus.

KONKURRENZSITUATION UND FINANZIELLER HINTERGRUND

«Museen werden in Zukunft ökonomisch rentieren müssen. Denkbar sind zwei Sorten von Museen: Einige grosse, aufwendig gemachte Museen als fester Bestandteil des Tourismusangebots, in die beispielsweise Banken investieren. Der Marktdruck hat viele kleinere und mittlere Museen schliessen lassen, einige jedoch überleben, indem sie sich gezielt an ein ausgewähltes Fachpublikum richten.» (Bernadette Fülscher) Das Medium Ausstellung wird nicht mehr nur mit Museum in Verbindung gebracht. «Schon heute führen beispielsweise Malls wie ‹Sihlcity› in Zürich vor, wie Shopping gezielt mit kulturellen Inhalten kontaminiert und so zu einem sinnlichen Erlebnis wird.» (Basil Rogger) In Zukunft wird jede grosse Firma ihr eigenes Museum mit attraktiver Inszenierung haben (Lutz Engelke). Der Kampf um Aufmerksamkeit wird die Museen in fünfzig Jahren gezwungen haben, ihre Plattformen in den virtuellen Raum hinaus zu erweitern. Die x-te Generation der Computer-Online-Spiele kommt ohne Museen nicht aus. Denkbar sind Vermischungen von musealer Präsentation und urbaner Struktur: «Suddenly a street could become a kind of museum with thematics that could be spread around creating a kind of environment alterning commercial vitrines with artistic and cultural presentations, immersing the public into culture and information presented in a complete different manner from today.» (François Confino)

In eine ähnliche Richtung geht die Vorstellung von Ursula Gillmann: «Ausstellungen werden Plattformen der Kommunikation und der Begegnung. Die Rolle der Besucher und das performative Potenzial von Ausstellungen wird mehr beachtet und genutzt. Museen gehen in den Supermarkt, der Supermarkt ins Museum, die Schauspieler kommen in die Ausstellungen, Theaterstücke werden als Ausstellungen konzipiert. Die Schnittstelle beim Einsatz von Medien, der Körper und die Handlungen der Besucher werden immer spannendere Elemente in der Ausstellungsgestaltung.»

Warum nicht ‹Mixed Reality› mitdenken? Realer und virtueller Raum vermischen sich, simulierte Räume gestalten den ‹museal-urban-ruralen Kultur-Konsum-Raum›.

Und wer wird Trägerschaft sein? Der Staat (alleine) nicht. Kultur wird zunehmend zum ökonomischen Gut. Eine Kulturindustrie wird Ausstellungen machen, Geschichte vermitteln und die «Wissensübersetzer der Zukunft» stellen (Engelke). Möglich, dass der Staat Mitanbieter sein wird.

DIE ROLLE DER OBJEKTE

Was wird gesammelt werden? Schon heute herrscht häufig Ratlosigkeit angesichts dieser Frage, «weil kein Konsens darüber besteht, was als wertvoll gilt. Es wird immer mehr produziert

– soll auch mehr gesammelt werden? Wo aber aufbewahren, und wer soll's bezahlen? Oder sammeln wir alles und machen die Welt zum Museum?» (Fülscher) Wird alles weggeworfen – oder verkauft? Wenn Objekte die nächsten fünfzig Jahre überleben, werden sie noch stärker als heute für «Entschleunigung stehen» (Engelke). Vom digitalen Zeitalter werden die schriftlichen Quellen fehlen. Die jüngste Vergangenheit wird über Museumsobjekte fassbar sein. Das wird ihnen Kultstatus verleihen und das Museum als Ort, wo gesammelt wurde und wird, aufwerten. Da sich das Leben künftig vermehrt im virtuellen Raum abspielen wird, werden die Objekte die Sehnsucht der Menschen nach ‹Wahrem› und ‹Authentischem› befriedigen. Oder so: «Es wird wieder hip sein, in ein Museum zu gehen, das sich dem Objekt widmet und nicht mehr ein Erlebnis inszeniert, wie das dauernd und überall bei jedem Turnschuhkauf geschieht, wo ich immer auch noch ein Erlebnis mitkonsumieren muss.» (Rogger)

«Wenn wir jetzt Dauerausstellungen planen, so machen wir sie für die Zukunft. Es wird Ausstellungen geben in Form von Gesamtkunstwerken und atmosphärischen Rauminszenierungen, aber auch Ausstellungen, die ganz auf die Objekte setzen, Schausammlungen, offene Depots, zum Schauen, zum Staunen, auch Ausstellungen immaterieller Dinge – wechseln werden hier immer wieder die Ordnungsprinzipien und Systematiken, die den Blick auf die Dinge verändern.

Durch die Entwicklung der medialen Vermittlungssysteme, ‹Hand Helds› in allen Variationen, können diese statischen Präsentationsweisen vielfältig genutzt, interpretiert und vermittelt werden – und bleiben trotzdem verlässliche Ruhepunkte in einer sich rasch verändernden Welt. ‹Alte› Objektpräsentation und Online-Angebot werden mühelos miteinander kombiniert.» (Gillmann)

INHALT DER AUSSTELLUNGEN

François Confino beobachtet eine Tendenz, bei der Repräsentation wichtiger wird als Inhalt. Der von Stararchitekten gestaltete Museumsbau zähle, für Ausstellungen bleibe wenig Geld übrig. Diese Entwicklung könnte sich bei den grossen Häusern, die für den internationalen Tourismusmarkt produzieren, bald einstellen. Die kleineren Museen jedoch werden in fünfzig Jahren dem allgegenwärtigen Wunsch nach Orientierung nachkommen (Fülscher).

Confino kann sich ausserdem eine Erweiterung des inhaltlichen Angebots vorstellen: «Some museums should respond to transversal considerations: for instance a museum about the future which would look at it not strictly from a scientific point of view, but also from a political, economic, artistic, a human point of view. Or the museum of human relations which would treat in parallel the issues of love, communication, transportation, psychology, war, humor and other miscellaneous topics.»

Was und wie auch immer ausgestellt wird, steht auch in fünfzig Jahren noch im gesellschaftlichen

Kontext. Der Ort hingegen, an dem die relevanten Themen ausgehandelt und diskutiert werden, verschiebt sich. Schon heute ist beispielsweise die ‹Game-Kultur› «Teil einer milliardenschweren Industrie, die über die Hintertüre unsere herkömmliche Kultur entert und verändert. Und da werden Inhalte vermittelt – und bald auch Fördergelder umgelagert.» (Rogger)

VIRTUELLES UND REALES

«In der Musikindustrie findet bereits wieder ein Revival der performativen Praxis im Konzert statt; ein Revival ‹richtiger› Bands, die ‹richtig› Musik machen. Daher wird das Virtuelle und Digitale das Reale nicht ablösen, sondern ergänzen. Der virtuelle Raum stellt keine Bedrohung dar, sondern bindet das Publikum ein, lässt es an Themen aktiv teilhaben.» (Rogger)

Auch ich kann mir nicht vorstellen, dass das Konkrete, das Haptische, vom Virtuellen gänzlich verdrängt wird. Sicherlich, letzteres wird mehr Raum in unserem Leben einnehmen, die technischen Möglichkeiten werden sich entwickeln, virtuelle Erlebniswelten werden zu räumlich-sinnlichen Erfahrungen. – Dennoch, das Medium Ausstellung kann im Unterschied zu Film, Theater, Computergames, zu einem Buch oder einem Bild gleichzeitig verschiedene Sinne ansprechen. Real an einem Ort sein, etwas anschauen, berühren, riechen, sehen – der Reiz dieses Erlebnisses wird überdauern. Oder erweise ich mich mit dieser Aussage als ‹Kind des 20. Jahrhunderts›?

Quellen und Literatur

E-Mails von:
François Confino, Ausstellungsgestalter Lussan (F)
Ursula Gillmann, Ausstellungsgestalterin, Basel
Otto Steiner, Ausstellungsgestalter, Sarnen

Gespräche mit:
Bernadette Fülscher, Dozentin für Theorie, Hochschule für Gestaltung und Kunst, Basel
Basil Rogger, Studienbereichsleiter Style & Design, Zürcher Hochschule der Künste

Texte:
Deutscher Museumsbund (Hg.): Museen gestalten Zukunft – Perspektiven im 21. Jahrhundert. Museumskunde, Bd. 71, Heft 2, Kassel 2006
Lutz Engelke: Die Zukunft hat keine Bilder. In: Deutscher Museumsbund (Hg.): Szenographie – Zur Zukunft der gestalteten Ausstellung. Museumskunde, Bd. 66, Heft 1, Dresden 2001, S. 37–42

ANHANG

Am Anfang steht die Idee, eine naturhistorische Sammlung aufzubauen. Sie soll der Volksbildung dienen.

1833 Der ehemalige Kanton Basel wird endgültig in die beiden Halbkantone Basel-Stadt und Basel-Landschaft getrennt.

1834 Bei der Teilung des Kantonsvermögens bleiben die Sammlungen der Universität mit dem naturhistorischen Kabinett in Basel. Das Zeughaus in Liestal erhält Teile der militärischen Ausrüstung.

1836 Landschreiber Benedikt Banga (1802–1865) beginnt, Tiere und Pflanzen aus der ganzen Welt für ein ‹Naturalien-Cabinet› zu sammeln. Zum selben Zweck betreibt er in Liestal einen ‹Botanischen Garten›.

1838 Das ‹Reglement über Beaufsichtigung, Benützung und Vermehrung der öffentlichen Bücher- und Naturaliensammlungen› sieht keinen speziellen Museumskonservator vor. Banga betreut bis zu seinem Tode 1865 das Museum. Er baut auch eine Geologie- und Münzensammlung auf.

1852 Der ‹Botanische Garten› weicht dem Platzbedarf der Militärverwaltung. Im neuen Anbau des Regierungsgebäudes in Liestal werden Museumsräume eingerichtet.

Nach dem Tode des Gründers fehlt eine klare Linie. Erst die ‹Naturforschende Gesellschaft Baselland› belebt das Museum wieder.

1866 Finanzsekretär Friedrich Nüsperli, Schulinspektor Hans Kestenholz und Erziehungsdirektor Johann Brodbeck lösen sich in der Betreuung des Museums ab.

1874 Erstmals wird erwähnt, dass das Museum archäologische Funde sammelt.

1879 Für das Publikum ist das Museum jeweils an zwei Wochentagen zwei Stunden lang geöffnet. Die Staatsweibel müssen Aufsichtsdienst leisten.

1885 ‹Natura Liestal›, ein Zusammenschluss interessierter Laienforscher, entsteht. Aus ihr geht 1900 die ‹Naturforschende Gesellschaft Baselland› hervor, die das Museum bis weit ins 20. Jahrhundert hinein prägen wird.

1887 In der Tiersammlung werden exotische und einheimische Tiere von nun an getrennt aufgestellt.

Ein Konservator tritt an, ein Naturwissenschaftler und Universalgelehrter. Er bringt System ins Museum.

1890 Bezirkslehrer Franz Leuthardt (1861–1934) wird vom Regierungsrat zum Konservator im Nebenamt gewählt. Der studierte

Naturwissenschaftler kümmert sich in der Folge auch um historische und volkskundliche Sammlungen. Er ordnet sie neu, inventarisiert die Museumsbestände und widmet sich ihrer wissenschaftlichen Erforschung.

1892 Ein ‹Reglement für den Konservator des Museums› wird erlassen.

1896 Leuthardt stellt die wachsende Sammlung historischer Objekte (die so genannte ‹Altertumssammlung›) zur Schau.

1909 Das Museum schliesst sich dem ‹Verband der Schweizerischen Altertumssammlungen› an.

1921 Der Regierungsrat ernennt die so genannte ‹Altertümerkommission›. Als Vorläuferin der heutigen Kantonsarchäologie hat sie die archäologische Forschung im Kanton zu überwachen und zu fördern. Damit wird sie zur wichtigen Kooperationspartnerin des Museums.

1923 Das Regierungsgebäude erhält eine Zentralheizung. Nun sind Arbeit und Besichtigung auch im Winter möglich.
Die ‹Ethnografische Sammlung› mit aussereuropäischen Objekten wird gezeigt.

Eine volkskundliche Sammlung entsteht. Das Museum wandelt sich zum Heimatmuseum.

1928 Museumsleiter Leuthardt übernimmt die leer gewordenen Räume der Kantonsbibliothek im Regierungsgebäude und richtet die Ausstellungssäle neu ein. Als Neuerung sind so genannte ‹Lokalsammlungen› kulturgeschichtlicher Art zu sehen.
Eine Sonderausstellung über Burgen im Jura stösst auf grosses Interesse.

1930 Der systematische Aufbau einer ‹Volkskundlichen Sammlung› beginnt. Auch bei den naturkundlichen Sammlungen dominiert zunehmend die Beschränkung auf Kanton und Region.

1932 Franz Leuthardt tritt vom Lehramt zurück und widmet sich ganz dem Museum. Er stirbt 1934.

1935 Walter Schmassmann (1890–1971), Bezirkslehrer und Naturwissenschaftler, tritt als neuer Museumsleiter an. Er veranlasst eine Inventarisierung der Objekte und richtet ein archäologisches Fundarchiv ein.

Der Platz wird knapp, die Arbeitsbelastung steigt. Die Suche nach einem eigenen Gebäude wird intensiviert.

1936 Das Museum schliesst für zwei Jahre. In dieser Zeit werden die Sammlungen bearbeitet.

1937 Auf Anregung der ‹Naturforschenden Gesellschaft› entsteht die ‹Museumsgesellschaft Baselland›. Sie soll helfen, die drängende Raumfrage zu lösen. Dafür richtet sie einen Baufonds ein, dem jährliche Beiträge aus dem kantonalen Lotteriefonds zufliessen. In den Folgejahrzehnten werden verschiedene Areale und Bauten geprüft, Studien und Pläne erstellt. Ein Regierungsratsbeschluss schreibt für lokale Sammlungen von Altertümern Inventare vor.

1938 Temporäre Ausstellungen von Grabungen und Depot-Objekten finden statt.
Der frühere Archivraum der Erziehungsdirektion wird für die historische Schausammlung umgebaut.
Paul Suter inventarisiert die ‹Volkskundliche Sammlung›.
Aus dem Staatsarchiv wird die Bildersammlung übernommen.

1942 Wegen Überlastung durch seine übrigen Tätigkeiten wird Museumsleiter Schmassmann für ein Jahr vom Schuldienst freigestellt.

1943 Frau M. Müller wird als Bürohilfe angestellt.

1953 Das Parlament bewilligt einen Kredit für ein Römermuseum in Augusta Raurica. Es wird 1957 eröffnet.

Der nächste Konservator widmet sich stärker kulturgeschichtlichen Themen. Eine Museumswerkstatt wird eingerichtet.

1961 Nach der Pensionierung Walter Schmassmanns übernimmt Paul Suter (1899–1989), Bezirkslehrer und Volkskundler, die Museumsleitung. Die Ämter von Museumsleiter und Präsident der Altertümerkommission werden zusammengelegt. Paul Suter treibt den Aufbau der ‹Grafischen Sammlung› voran.

1964 Im dritten Stock des Regierungsgebäudes entsteht ein Burgen- und Fahnenzimmer.

1965 Kurt Hunziker bildet sich in Restaurierungstechniken weiter und richtet im Estrich des Museums eine Werkstatt ein. Der ehemalige Hauswart des Regierungsgebäudes hilft seit 1961 im Museum mit.

1967 Die Werkstatt wird ausgebaut. Eine freiwillige Arbeitsgruppe (‹Montags-Arbeitsgruppe›), bestehend aus den Wissenschaftlern Bischoff, Casagrande, Klahre und Stehlin, unterstützt das Museum.

1968 Der Regierungsrat wählt den Archäologen Jürg Ewald (geb. 1938) als wissenschaftlichen Mitarbeiter. Er übernimmt ab 1970 die Leitung der ‹Dienststelle Kantonsmuseum und Altertumsschutz›. Zeitweise ist er auch nebenamtlicher Konservator für die ‹Stiftung Pro Augusta Raurica›, die die Grabungen in Augst betreibt.

1969 Der erste Baselbieter Kulturpreis geht an Paul Suter. Suter tritt auf Frühjahr 1970 von der Museumsleitung zurück, betreut aber weiterhin die ‹Grafische Sammlung›.

Neue Stellen entstehen, neue Gesichter tauchen auf. Und das Museum zieht ins alte Zeughaus um.

1970 Kurt Hunziker wird zum Präparator befördert, Erich Fehlmann als Zeichner angestellt und Rosi Riggenbach als halbamtliche Sekretärin. Verschiedene Studierende bearbeiten die Museumssammlungen.

1971 Der erste umfassende Führer durch das Museum erscheint.

Jürg Ewald wird zum Kantonsarchäologen gewählt.

1972 Die Verwaltung des Museums zieht vom Regierungsgebäude an die Mühlegasse 20 um.

1973 Doris Vogel wird neue Sekretärin.

Das Museum zeigt erstmals Tonbildschauen.

1974 Die Vorführung des Films ‹Die letzten Heimposamenter› erweist sich als grosser Publikumserfolg.

1975 Eine zweite Restauratorenstelle wird geschaffen.

Das Museum erwirbt die einzigartige Seidenbandsammlung aus dem Nachlass der ‹Seiler & Co. AG›.

Die Museumsverwaltung zieht an die Kanonengasse 24 um.

Das kantonale Parlament spricht einen Kredit für den Umbau des alten Zeughauses zum Museum. Ermöglicht wird das Vorhaben durch die grosszügige Spende der ‹Museumsgesellschaft›.

Der bisherige ‹Ausstellungssaal Volkskunde› wird für Wechselausstellungen geräumt.

1976 Das neu geschaffene ‹Amt für Museen und Archäologie› umfasst jetzt auch die Römerstadt Augusta Raurica.

1979 Das Museum im Regierungsgebäude wird geschlossen. Planungs- und Bauarbeiten im alten Zeughaus beginnen, pro Etage soll ein Thema aus Natur- oder Kulturgeschichte präsentiert werden.

1980 Jürg Tauber wird als stellvertretender Amtsleiter angestellt.

1981 Das Konservierungslabor zieht nach Frenkendorf um.

Statt Sammlungsteile stellt das Museum jetzt Lebenswelten aus. Vermittlung und Öffentlichkeitsarbeit werden ausgebaut.

1982 Das Erdgeschoss des neuen Museums im alten Zeughaus geht als Veranstaltungsraum in Betrieb. Dort wird anlässlich des 150-Jahr-Jubiläums des Kantons die Ausstellung ‹Baselland unterwegs› eröffnet.

Für das gesamte Museum besteht ein Konzept, das anstelle von Schausammlungen thematische Dauerausstellungen vorsieht.

1984 Die erste Dauerausstellung im neuen Museum wird eröffnet, sie ist der Bandweberei gewidmet. Daneben finden zahlreiche Sonderausstellungen statt.

Der erste Band der hauseigenen Publikationsreihe ‹Archäologie und Museum› erscheint.

1986 Die zweite Dauerausstellung heisst ‹Steinbruch, Wald und Magerwiese›. Sie befindet sich im Untergeschoss des alten Zeughauses.

Die ehemaligen Museumsräume im Regierungsgebäude werden endgültig geleert.

1987 Hildegard Gantner übernimmt die Betreuung der ‹Grafischen Sammlung›.
1988 Die dritte Dauerausstellung gilt der Kulturgeschichte: ‹Spuren von Kulturen›. Damit ist die Einrichtung des neuen Museums vorläufig abgeschlossen.
1990 Verschiedene didaktische Angebote wie zum Beispiel ein Museumskoffer werden in enger Zusammenarbeit mit der ‹Museumspädagogik Basel› entwickelt, Begleitprogramme und Führungen ausgebaut.

Dem Museum wird mehr Selbstständigkeit in der Verwaltung eingeräumt. Es tritt mit einem neuen Erscheinungsbild auf.

1993 Das Museum erhält ein neues grafisches Erscheinungsbild.
1995 Eine Verwaltungsreorganisation schafft grössere Selbstständigkeit für die Abteilungen Museum, Archäologie und Römerstadt. Erstmals kommt es im Rahmen der Ausstellung ‹Nach dem Krieg/Après la guerre› zu einer trinationalen Kooperation.
1996 Der ‹Museums-Apéro› am Dienstagabend wird eingeführt, das neue Bulletin ‹Profil› erscheint.
Die ‹Ethnografische Sammlung› wird dem Museum der Kulturen in Basel als Dauerleihgabe überlassen.
1997 Das Museum baut sein Foyer mit Shop und Publikumscafé aus.

Ein Leitbild für die kantonalen Museen wird verabschiedet.
Die Website www.museum.bl.ch geht online.

Auf den Archäologen folgt eine Museologin. Das Museum profiliert sich als Forum für aktuelle Fragen.

1999 Nach der Pensionierung Jürg Ewalds Ende 1998 übernimmt die bisherige Mitarbeiterin Pascale Meyer (geb. 1961) die Leitung des Museums. Sie ist Historikerin und Museologin. Jürg Tauber wird Leiter der ‹Hauptabteilung Archäologie und Kantonsmuseum›.
In Muttenz wird ein neues Grossdepot bezogen. Die kantonale Kunstsammlung kommt in die Obhut des Museums.
Eine Teilstelle ‹Bildung und Vermittlung› entsteht, und ein ‹Freundeskreis Kantonsmuseum› wird ins Leben gerufen.
2000 Die neue Dauerausstellung ‹leibundleben.bl.ch› ersetzt die 1988 eingerichtete kulturhistorische Ausstellung. Als Ausgangspunkt für Ausstellungen werden nicht mehr vorrangig eigene Sammlungen, sondern aktuelle Themen definiert.
Erstmals wird eine Besucherbefragung durchgeführt.
Das Museum erhält die ‹Fotosammlung Theodor Strübin›.
2001 Anlässlich des Jubiläums ‹500 Jahre Basel beim Bund› sammelt das Museum mit der

‹Förderbar› Objekte für ein Museum der Zukunft.

2002 Die neue Dauerausstellung ‹Natur nah› ersetzt die naturkundliche Ausstellung von 1986.

Das Museum gibt sich ein eigenes Leitbild und ein Mission Statement.

rum stehen die Museumssammlungen. Ein Teil der Ausstellung greift aktuelle Fragestellungen auf und soll alle zwei Jahre erneuert werden.

Das Museum wird umbenannt. Die Sammlungen rücken wieder ins Rampenlicht.

2003 Als dritte Dauerausstellung erhält die Seidenbandausstellung eine neue Gestalt.

Der zukünftige Name des Museums soll ‹MUSEHUM.BL› lauten.

Zur Nachfolgerin von Pascale Meyer wird die Geologin Barbara den Brok (geb. 1967) gewählt. Die ‹Hauptabteilung Archäologie und Museum› steht neu unter der Doppelleitung von Jürg Tauber und Barbara den Brok.

2004 Wegen anhaltender Kritik verändert das Museum seinen Namen erneut und nennt sich fortan ‹Museum.BL›.

Ein Unwetter verursacht einen grossen Wasserschaden in einem externen Depot.

2005 In den Sonderausstellungen finden erstmals szenische Führungen mit einer Schauspielerin statt.

2006 Eine Dokumentation zur Museumsgeschichte wird in Auftrag gegeben.

2007 ‹Zur Sache. Objekte erzählen Geschichten› heisst die neue Dauerausstellung, im Zent-

LITERATUR ZUR MUSEUMSGESCHICHTE

Dokumente

Im Staatsarchiv Baselland:
NA 2080, T.1 Akademische Anstalten
1837–1950
NA 2080, T 3.1 Kantonsmuseum 1893–1958
NA 2080, T 4.1 Kommission zur Erhaltung von
Altertümern 1921–1957
PA 6003 Naturforschende Gesellschaft Basel-
land
PA 6027 Gesellschaft für Baselbieter Heimat-
forschung
PA 6047 Theodor Strübin
PA 6102 Franz Leuthardt
PA 6266 Museumsgesellschaft Baselland

Im Museum.BL:
Dokumentation zur Museumsgeschichte
(Kopien und Abschriften)
Altes Archiv, Akten aus der Gründungszeit
(19. Jahrhundert)
Altes Archiv, Akten aus der Amtszeit von
Walter Schmassmann und Paul Suter
(1935–1969)
Neues Archiv, Akten aus der Amtszeit von
Jürg Ewald (1970–1998)
Nachlass Paul Suter
Foto- und Planarchiv

Im Naturhistorischen Museum Basel:
Feldtagebücher Franz Leuthardt

Gedruckte Publikationen

Amt für Museen und Archäologie BL (Hg.):
Über das Naheliegende. Auswahl aus den
Schriften von Franz Leuthardt 1861–1934,
Naturforscher u. Sammler, Konservator
d. Kantonsmuseums Baselland 1893–1934.
(Begleitband zur Sonderausstellung aus
Anlass des 50. Todestages von Franz
Leuthardt.) Archäologie und Museum, Heft 2.
Liestal 1984
Amtsbericht des Regierungsrates. Liestal
1852 ff.
Jürg Ewald, Paul Suter: Führer durch das
Kantonsmuseum Baselland in Liestal. Liestal
1971
Jürg Ewald: Das ehemalige Korn- und Zeug-
haus zu Liestal. Eine knappe Baugeschichte des
gegenwärtigen Kantonsmuseums Baselland.
Unveröffentlichtes Manuskript (einsehbar im
Museum.BL) 1996
Jürg Ewald: A walk back. Ein Amtsrückblick
01.8.1968–31.12.1998. Unveröffentlichtes
Manuskript (einsehbar im Museum.BL)
1998
Geschichte der Natura Liestal. Festschrift bei
Anlass ihres 10-jährigen Bestandes. Liestal
1895
Jahresbericht Kantonsmuseum Baselland/
Museum.BL. Liestal 1998 ff.

Franz Leuthardt: Aus der Geschichte des basellandschaftlichen Kantonsmuseums (1837–
1933). In: Tätigkeitsberichte der Naturfor-
schenden Gesellschaft Baselland, Bd. 9, Liestal
1930–1932, S. 201–225
Karl Martin Tanner: Notizen zur Geschichte
der Naturforschenden Gesellschaft Baselland.
In: Mitteilungen der Naturforschenden
Gesellschaften beider Basel, Jg. 5, Basel/Liestal
2001, S. 213–237
Jürg Tauber: Archäologie im Kanton Basel-
Landschaft. Seit wann – wer – wie? In:
Jürg Ewald, Jürg Tauber (Hg.): Tatort Vergan-
genheit: Ergebnisse aus der Archäologie heute.
Basel 1998, S. 11–24
Jürg Tauber (Hg.): «Keine Kopie an niemand!»
Festschrift für Jürg Ewald zu seinem sechzigs-
ten Geburtstag. Liestal 1998

Legenden und Abbildungsnachweis

Sammeln um jeden Preis? (Seiten 9–16) / Heimatfabrik oder Kulturforum?
(Seiten 33–40) Fotografie: Andreas Zimmermann / Museum.BL

Wo bleibt die Leidenschaft (Seiten 57–64) Fotografie: Museum.BL

1 Franz Leuthardt, 1909 **2** Jürg Ewald, 1994 **3** Walter Schmassmann und Otto Plattner, vermutlich 1930

4 Auf Exkursion: Franz Leuthardt mit einer Schulklasse, 1930 **5** Weihnachtsessen: Rosi Riggenbach, 1970 **6** Weihnachtsessen: Team mit Begleitung, 1970 **7** Paul Suter, 1960er-Jahre **8** Hildegard Gantner, Felix Tobler, Doris Vogel, Pavel Lavicka, Sabine Kubli, Jürg Tauber, Jürg Ewald, 1990 **9** Auf Ausgrabung: L. B. Roost, Alessandro Mastrovincenzo, Heinz Stebler, Walter Huber, Florian Hoek, 1990

10 Museumsteam auf Wanderschaft im Bogental, 1998 **11** Pascal Favre und Sabine Kubli, 1997 **12** Marcel Eckling, Tina Favazza, Käthi Wahl, Margrit Frey, 1997 **13** Hildegard Gantner, Heinz Stebler, 1997 **14** Vernissage ‹Seidenband. Kapital, Kunst & Krise›: Barbara Rebmann und Käthi Wahl, 2003 **15** Vernissage ‹Seidenband. Kapital, Kunst & Krise›: Claudia Pantellni, 2003 **16** Vernissage ‹A walk on the wild side. Jugendszenen in der Schweiz von den 30er Jahren bis heute›: das ganze Team, 1998

17 Vernissage ‹A walk on the wild side. Jugendszenen in der Schweiz von den 30er Jahren bis heute›: Pascale Meyer, Barbara Alder, Jürg Ewald, 1998 **18** Vernissage ‹Seidenband. Kapital, Kunst & Krise›: Jürg Tauber, Barbara den Brok, 2003 **19** Filmpremiere ‹Brauerei Ziegelhof Liestal› im Museum.BL, 2006 **20** Vernissage ‹Voll fett. Alles über Gewicht›: Dominique Frey, Barbara Alder, 2006 **21** Im Freilichtmuseum Ballenberg: Marc Limat, Nicole Gebhard, Barbara den Brok, Madeleine Girard, Guido Masé, 2006 **22** Ausflug ins Elsass: Therese Schaltenbrand, Diana Fahrner, Marc Limat, Barbara den Brok, Andreas Baumgartner, Annina Hischier, Sarah Hänggi, Nicole Gebhard, 2005

23 Filmpremiere ‹Brauerei Ziegelhof Liestal›: Barbara den Brok, 2006 **24** Bildung und Vermittlung in ‹Heiss. Zur Kulturgeschichte des Feuers›: Marc Limat, 2004 **25** Museumsteam mit der Gestalterin Gabriele Schmid beim Aufbau von ‹Sechsundsechzig. Eine Ausstellung zum Alt- und Grauwerden›, 2005 **26** Filmpremiere ‹Brauerei Ziegelhof Liestal›: Pit Schmid, Ruedi Gubler, 2006 **27** Ausflug ins Loue-Tal, 2007

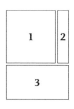

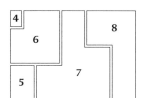

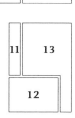

Biotope statt Schubladen? (Seiten 81–88)

1 ‹Voll fett. Alles über Gewicht›, 2006/2007
Fotografie: Andreas Zimmermann

2 ‹Natur nah. 14 Geschichten einer Landschaft›, naturkundliche Dauerausstellung 2002 bis 2006
Fotografie: Andreas Zimmermann

3 ‹Pracht und Glanz des Seidenbands›, 1976
Fotografie: Museum.BL

4 ‹Leder›, 1975.
Fotografie: Museum.BL

5 ‹Seidenband. Kapital, Kunst & Krise›, Dauerausstellung zur Industriegeschichte der Region, seit 2003
Fotografie: Andreas Zimmermann

6 ‹Gaggi. Mehr als Mist›, Kinderausstellung 2007
Fotografie: Andreas Zimmermann

7 Alte Ausstellungsräume des Museums im Regierungsgebäude, vor 1979
Fotografie: Museum.BL

8 ‹Tabu›, 2001/2002
Fotografie: Andreas Zimmermann

9 ‹Alles was Recht ist›, 1992
Fotografie: Museum.BL

10 ‹Adam, Eva und Darwin. Szenen einer Problembeziehung›, 2007/2008
Fotografie: Tom Bisig

11 ‹Bronzezeit im Baselbiet›, 1969
Fotografie: Museum.BL

12 ‹Sechsundsechzig. Eine Ausstellung zum Alt- und Grauwerden›, 2005/2006
Fotografie: Andreas Zimmermann

13 ‹Zur Sache. Objekte erzählen Geschichten›, Daueraustellung zu den Sammlungen des Museum.BL, seit 2007
Fotografie: Andreas Zimmermann

Impressum

Bibliografische Information
der Deutschen Bibliothek:
Die Deutsche Bibliothek verzeichnet
diese Publikation in der Deutschen
Nationalbibliografie; detaillierte
bibliografische Daten sind im Internet
über http://dnb.ddb.de abrufbar.

ISBN 978-3-85616-349-5

Ein Unternehmen der Christoph Merian Stiftung

© 2008 Christoph Merian Verlag

Redaktion: Museum.BL, Jana Ulmann
Lektorat: Sabine Kronenberg, Basel
Gestaltung: groenlandbasel, Basel:
Dorothea Weishaupt, Matthias Huber
Lithos: Andreas Muster, Basel
Druck und Bindung: Kösel,
Altusried-Krugzell
Schriften: DTL Dorian
Papier: Chromolux 700, 90 g/m²

www.merianverlag.ch

www.museum.bl.ch